새로운 도서,
다양한 자료
동양북스
홈페이지에서
만나보세요!

www.dongyangbooks.com
m.dongyangbooks.com

KB101422

홈페이지 도서 자료실에서 학습자료 및 MP3 무료 다운로드

PC

≡　도서목록　　도서 자료실　　고객센터

❶ 홈페이지 접속 후 **도서 자료실** 클릭
❷ **하단 검색 창**에 검색어 입력
❸ MP3, 정답과 해설, 부가자료 등 첨부파일 다운로드
* 원하는 자료가 없는 경우 '요청하기' 클릭!

MOBILE

* 반드시 '인터넷, Safari, Chrome' App을 이용하여 홈페이지에 접속해주세요. (네이버, 다음 App 이용 시 첨부파일의 확장자명이 변경되어 저장되는 오류가 발생할 수 있습니다.)

🕮 **동양북스**

검색어를 입력하세요　　　🔍

❶ **홈페이지 접속 후 ≡ 터치**

🕮 동양북스　　　　　　✕

👤 로그인　　　📖 마이페이지

🕮 도서

일본어	중국어
영어	기타외국어
한국어	단행본
한자	도서 자료실
다운로드Tip	

❷ **도서 자료실 터치**

≡　　🕮 **동양북스**

검색어를 입력하세요　　　🔍

🏠 Home ＞ 도서 ＞ 도서 자료실

일단 합격 신HSK 한 권이면 끝! 4급 MP3
MP3 2020.03.19

세상에서 제일 쉬운 10문장 영어회화 MP3
MP3 2020.03.19

|< < 1 2 3 4 5 > >|

　　　　　　　　검색

❸ **하단 검색창에 검색어 입력**
❹ MP3, 정답과 해설, 부가자료 등 첨부파일 다운로드
* 압축 해제 방법은 '다운로드 Tip' 참고

미래와 통하는 책

가장 쉬운 독학
일본어 첫걸음
14,000원

버전업! 굿모닝
독학 일본어 첫걸음
14,500원

일단 합격하고 오겠습니다
JLPT 일본어능력시험 N3
26,000원

일본어 100문장 암기하고
왕초보 탈출하기
13,500원

가장 쉬운 독학
중국어 첫걸음
14,000원

가장 쉬운 중국어
첫걸음의 모든 것
14,500원

일단 합격 新HSK
한 권이면 끝! 4급
24,000원

중국어
지금 시작해
14,500원

영어를 해석하지 않고
읽는 법
15,500원

미국식
영작문 수업
14,500원

세상에서 제일 쉬운
10문장 영어회화
13,500원

영어회화
순간패턴 200
14,500원

가장 쉬운 독학
베트남어 첫걸음
15,000원

가장 쉬운 독학
프랑스어 첫걸음
16,500원

가장 쉬운 독학
스페인어 첫걸음
15,000원

가장 쉬운 독학
독일어 첫걸음
17,000원

동양북스 베스트 도서

THE
GOAL 1
22,000원

인스타
브레인
15,000원

직장인, 100만 원으로
주식투자 하기
17,500원

당신의 어린 시절이
울고 있다
13,800원

놀면서 스마트해지는 두뇌 자극
플레이북 딴짓거리 EASY
12,500원

죽기 전까지
병원 갈 일 없는 스트레칭
13,500원

가장 쉬운 독학
이세돌 바둑 첫걸음
16,500원

누가 봐도 괜찮은 손글씨 쓰는
법을 하나씩 하나씩 알기 쉽게
13,500원

가장 쉬운 초등 필수 파닉스
하루 한 장의 기적
14,000원

가장 쉬운 알파벳 쓰기
하루 한 장의 기적
12,000원

가장 쉬운 영어 발음기호
하루 한 장의 기적
12,500원

가장 쉬운 초등한자 따라쓰기
하루 한 장의 기적
9,500원

세상에서 제일 쉬운
엄마표 생활영어
12,500원

세상에서 제일 쉬운
엄마표 영어놀이
13,500원

창의쑥쑥 환이맘의
엄마표 놀이육아
14,500원

📖 동양북스
www.dongyangbooks.com
m.dongyangbooks.com

퍼펙트
관광 비즈니스
일본어

항공
호텔
면세
관광 편

송혜선, 김진영, 이은주, 김미옥 **지음**

동양북스

퍼펙트
관광 비즈니스
일본어

초판 2쇄 | 2022년 2월 10일

지은이 | 송혜선·김진영·이은주·김미옥
발행인 | 김태웅
편　집 | 길혜진
일러스트 | 임은정
디자인 | 남은혜, 신효선
마케팅 | 나재승
제　작 | 현대순

발행처 | (주)동양북스
등　록 | 제 2014-000055호(2014년 2월 7일)
주　소 | 서울시 마포구 동교로22길 14 (04030)
구입문의 | 전화 (02)337-1737　팩스 (02)334-6624
내용문의 | 전화 (02)337-1762　dybooks2@gmail.com

ISBN 979-11-5768-621-6　13730

이 도서의 국립중앙도서관 출판예정도서목록(CIP)은 서지정보유통지원시스템 홈페이지(http://seoji.nl.go.kr)와
국가자료공동목록시스템(http://www.nl.go.kr/ kolisnet)에서 이용하실 수 있습니다.
(CIP제어번호:CIP2020018940)

머리말

이 책은 현재 관광 비즈니스 업계에 취업 중인 학습자는 물론이고, 앞으로 관광 비즈니스 업계로 취업을 희망하고 있는 학습자들에게 도움이 되고자 만들어진 교재입니다. 일본의 경우, 해외여행은 여가 순위 중 상위를 차지하고 있으며, 한국을 찾는 일본인 방문객들도 꾸준히 늘어나고 있는 추세로 일본인 관광객이 반드시 거쳐 가게 되는 항공, 호텔, 면세, 관광에 대한 일본어 실무 교육의 필요성이 절실해 지고 있습니다. 본 교재는 관광 비즈니스 산업의 대표 업무인 항공, 호텔, 면세, 관광 업무를 한 권으로 효율적으로 학습할 수 있도록, 관광 서비스 접객 업무에서 가장 필요한 표현과 올바른 경어 사용법을 생동감 있는 상황을 통하여 자연스럽게 연습할 수 있도록 하였습니다.

전체적으로는 항공, 호텔, 면세, 관광 각 파트별로 사용 빈도가 높은 문형과 어휘로 본문과 문형 포인트, 문형 연습, 회화 연습으로 구성하였습니다. 각 파트별 주요 장면을 본문 내용으로 설정하여 본문에 나오는 문형을 문형 포인트와 문형 연습에서 학습하고 연습한 후, 회화 연습에서 응용하는 방식으로, 반복 연습을 통하여 자연스럽게 문형과 경어를 구사할 수 있도록 하였습니다. 그리고 매 과마다 일본인 접객 서비스를 위하여 숙지해 둘 필요가 있는 일본문화를 알기 쉽게 정리하였으며 항공, 호텔, 면세, 관광 파트의 필수 단어를 각 파트별로 정리하여 현장에서 바로 사용할 수 있도록 하였습니다.

또한 본 교재의 특징은 관광 서비스 분야의 생동감 있는 상황 설정을 통해 현장 업무를 파악할 수 있도록, 다년간의 강의 경력뿐만 아니라 관광비즈니스 분야에서 실무 경험이 있는 집필진으로 구성되어 있다는 점입니다.

본 교재가 출간되기까지 많은 분들이 도움을 주셨습니다. 꼼꼼하게 읽어주시고 감수를 맡아주신 니시노 에리코(西野恵利子) 선생님, 그리고 훌륭한 자문으로 도움을 주신 데라다 요헤이(寺田庸平) 선생님, 마쓰바라 요시코(松原嘉子) 선생님, 오자키 다쓰지(尾崎達治) 선생님께 진심으로 감사 말씀드립니다.

끝으로 본 교재를 기획하고 편집해 주신 동양북스 관계자 여러분께 깊은 감사의 인사를 드립니다.

 저자 일동

이 책의 구성과 학습법

본 교재는 관광 비즈니스에 관한 내용을 '항공 서비스', '호텔 서비스', '면세 서비스', '관광 서비스', 이렇게 4개의 파트로 나누고, 각 파트는 상황별로 3개의 과로 구성하였습니다.

회화문

항공, 호텔, 면세점, 관광지에서의 상황을 구체적으로 설정하여 회화문에 담았습니다. 각 현장에서 일어날 수 있는 상황을 최대한 활용 가능한 문장으로 엮어, 실제 현장에서 충분히 활용할 수 있도록 구성하였습니다.

문형 포인트

본문에서 사용된 문장의 핵심 문형을 알기 쉽도록 다양한 예문과 함께 제시하였습니다. 본문의 문형을 활용한 예문을 통해 현장에서 만날 수 있는 실무적 상황에 즉시 응용할 수 있도록 하였습니다.

문형 연습

문형 포인트에서 학습한 문형을 활용하여 직접 연습해 볼 수 있도록 하였습니다. 쓰고 말하는 연습을 통해 문장을 자신의 것으로 만들어, 실무에서 바로 활용할 수 있도록 하였습니다.

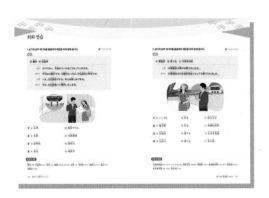

회화 연습

실제 현장에서 필요한 것은 바로 말하기 능력입니다. 본문과 문형 포인트, 문형 연습에서 학습한 내용을 여러 상황에 맞추어 바꿔 말해 볼 수 있도록 하였습니다. 회화 연습은 앞서 배운 문형을 응용 학습하는 것으로, 어떠한 상황을 만나더라도 자신 있게 말할 수 있도록 구성하였습니다.

일본 문화

일본인 접객 서비스 담당자는 일본어뿐만 아니라 일본의 문화도 숙지해 둘 필요가 있습니다. 문화 파트에서는 가장 핵심이 되는 일본 문화를 알기 쉽게 정리하였습니다.

필수 단어

해당 파트의 주요 단어를 각 파트가 끝난 다음 다시 한 번 학습할 수 있도록 정리했습니다. 각 파트에서 꼭 알아 두어야 하는 단어이므로, 필요한 상황에서 바로바로 사용할 수 있도록 하였습니다.

목차

PART 1

航空サービス
항공 서비스

PART 2

ホテルサービス
호텔 서비스

관광 비즈니스 기본 회화

● 고객 응대하기

いらっしゃいませ。	어서 오십시오
少々お待ちください。	잠시만 기다려 주십시오.
お待たせいたしました。	많이 기다리셨습니다.
またのご利用をお待ちしております。	다시 이용해 주시기를 기다리고 있겠습니다.
またお越しください。	또 오십시오.
誠にありがとうございました。	대단히 감사합니다.
～でございます。	～입니다
～はございませんでしょうか。	～은(는) 없으십니까?
～でいらっしゃいますか。	～(이)십니까?
はい、かしこまりました。	네, 알겠습니다.
～次第、お(ご)～いたします。	～(하)는 대로 ～해 드리겠습니다.
ご遠慮なく、お(ご)～ください。	사양 말고, ～(하)십시오.
～させていただきます。	～(하)겠습니다.
ごゆっくりお楽しみください。	편안히 즐겨 주십시오.
それは何よりでございます。	그건 정말 다행입니다.

● 사과·양해 구하기

申し訳ございません。	죄송합니다.
恐れ入ります。	송구합니다.
ただ今、～となっておりますが、よろしいでしょうか。	지금, ～(으)로 되어있습니다만, 괜찮으시겠습니까?
～でよろしいでしょうか。	～(으)로 괜찮으시겠습니까?
～ので、ご了承ください。	～(이)므로, 양해해 주십시오

● 의뢰·권유하기

お願_{ねが}い申_{もう}し上_あげます。

부탁 말씀드립니다.

～ていただけませんか。

～(해) 주시지 않으시겠습니까?

～てもよろしいでしょうか。

～(해)도 괜찮으시겠습니까?

～てみてはいかがでしょうか。

～(해) 보시면 어떻겠습니까?

～はいかがでしょうか。

～은(는) 어떻겠습니까?

よろしければ、お(ご)～ください。

괜찮으시다면 ～(하)십시오.

● 안내·판매 응대하기

ご案内_{あんないもう}申し上_あげます。

안내 말씀 드리겠습니다.

何_{なに}をお探_{さが}しでしょうか。

무엇을 찾으십니까?

お客様_{きゃくさま}が使_{つか}われるものでしょうか。

손님께서 사용하시는 겁니까?

プレゼント用_{よう}でしょうか。

선물용입니까?

～と～とどちらになさいますか。

～와(과), 어느 쪽으로 하시겠습니까?

～なら～にて 承_{うけたまわ}っております。

～(라)면 ～에서 담당하고 있습니다.

～になさいますか。

～(으)로 하시겠습니까?

～はいかがなさいますか。

～은(는) 어떻게 하시겠습니까?

● 계산 응대하기

お支払_{しはら}いはいかがなさいますか。

계산은 어떻게 하시겠습니까?

カードをお預_{あず}かりいたします。

카드 받았습니다.

こちらにご署名_{しょめい}をお願_{ねが}いいたします。

여기에 서명을 부탁드립니다.

カードをお返_{かえ}しいたします。

카드를 돌려드리겠습니다.

ご利用_{りよう}いただき、誠_{まこと}にありがとうございます。

이용해 주셔서, 대단히 감사합니다.

お買_かい上_あげいただき、ありがとうございました。

구매해 주셔서, 감사합니다.

존경어와 겸양어

1. 존경어(尊敬語)

존경어란, 말하는 사람이 듣는 상대방이나 화제가 되는 인물의 행위, 존재, 상태, 소유물 등을 높여 말하는 것으로, 특별 존경 동사 외에 다양한 형태의 존경표현이 있다.

(1) 특별 존경 동사: いらっしゃる, おっしゃる, 召し上がる 등

(2) 존경표현

① 조동사「れる・られる」를 접속 : ~(하)시다

行く → 行かれる, 来る → 来られる, 戻る → 戻られる

② お(ご) + ます형 / 동작성명사 + になる : ~(하)시다

帰る → お帰りになる, 使う → お使いになる, 利用する → ご利用になる

③ お(ご) + ます형 / 동작성명사 + です(ですか) : ~(하)십니다(십니까?)

待つ → お待ちです, 探す → お探しですか, 希望する → ご希望ですか

④ お(ご) + ます형 / 동작성명사 + ください : ~(하)십시오, ~(해) 주십시오

取る → お取りください, 連絡する → ご連絡ください

2. 겸양어(謙讓語)

겸양어란, 말하는 사람이 자신이나 자신과 관계된 인물의 행위를 낮추어 말하는 것으로, 특별 겸양 동사 외에 다양한 형태의 겸양표현이 있다.

(1) 특별 겸양 동사 : 参る, 申す, 申し上げる, いただく, 伺う 등

(2) 겸양표현

① お(ご) + ます형 / 동작성명사 + する(いたす) : ~(해)드리다

願う → お願いする(いたす), 知らせる → お知らせする(いたす)

② お(ご) + ます형 / 동작성명사 + いただく : (상대방이)~(해) 주시다

予約する → ご予約いただき、誠にありがとうございます。

③ 동사의 사역형「(さ)せる」+ ていただきます : ~(하)겠습니다, ~(해)드리겠습니다

確認する → 確認させていただきます。

경어표

기본형	존경어	겸양어
行^いく	いらっしゃる / おいでになる	参^{まい}る
来^くる	いらっしゃる / おいでになる	参^{まい}る
する	なさる	いたす
いる	いらっしゃる / おいでになる	おる
訪^{たず}ねる		伺^{うかが}う / お伺^{うかが}いする
言^いう	おっしゃる	申^{もう}す / 申^{もう}し上^あげる
知^しる	ご存^{ぞん}じだ	存^{ぞん}じる / 存^{ぞん}じ上^あげる
分^わかる		承知^{しょうち}する
食^たべる / 飲^のむ	召^めし上^あがる	いただく
見^みる	ご覧^{らん}になる	拝見^{はいけん}する
会^あう		お目^めにかかる
聞^きく		伺^{うかが}う / お伺^{うかが}いする
あげる		差^さし上^あげる
もらう		いただく / ちょうだいする
くれる	くださる	
寝^ねる	お休^{やす}みになる	
着^きる	お召^めしになる	
思^{おも}う		存^{ぞん}じる
～だ(である)	～でいらっしゃる	
～ている	～ていらっしゃる	～ておる

航空<ruby>こう<rt>こう</rt></ruby><ruby>くう<rt>くう</rt></ruby>サービス

航공 서비스

第1課　搭乗 탑승

🎧 Track 1-01

お荷物はこちらにお載せください。

チェックインカウンターにて

カウンター　パスポートとチケットをお願いいたします。

乗客　　　　あ、これでいいですか。

カウンター　はい、ありがとうございます。
　　　　　　中山徹様、ソウル航空９２３便、仁川行きでございますね。

乗客　　　　はい。

カウンター　お座席は窓側と通路側とどちらになさいますか。

乗客　　　　うーん、そうですね。通路側でお願いします。

カウンター　はい、かしこまりました。お預けになるお荷物はいくつございますか。

乗客　　　　一つです。

단어 및 표현

搭乗 탑승 | 荷物 짐 | 載せる 싣다 | チェックインカウンター 체크인 카운터 | ～にて ~에서 | パスポート 여권 | チケット 티켓 | 乗客 승객 | ソウル航空 서울항공 | ～便 ~편 | ～行き ~행 | 座席 좌석 | 窓側 창측 | 通路側 통로측 | かしこまる

(「かしこまりました」의 형태로) 명령을 받들어 모시겠습니다 | 預ける 맡기다 | ござる 「ある(있다)」의 정중어

カウンター　補助バッテリーや壊れやすい物はございませんか。

乗客　　　　はい、ありません。

カウンター　それでは、お荷物はこちらにお載せください。

乗客　　　　はい、わかりました。

……………………………………

カウンター　お待たせいたしました。

　　　　　　こちらが搭乗券とお荷物の引換証でございます。

乗客　　　　ありがとうございます。

搭乗案内アナウンス

ソウル航空よりご案内申しあげます。ソウル航空923便、仁川へご出発のお客様は
3番搭乗口よりご搭乗ください。

座席案内

乗務員　いらっしゃいませ。搭乗券を確認させていただきます。

乗客　　はい。

乗務員　こちらからどうぞ。奥の方へお進みください。

단어 및 표현

補助バッテリー 보조 배터리 | 壊れやすい物 깨지기 쉬운 것 | 搭乗券 탑승권 | 引換証 교환증 | 搭乗案内 탑승 안내 | アナウンス 방송 | 〜より ~에서 | 出発する 출발하다 | 搭乗口 탑승구 | 乗務員 승무원 | 確認する 확인하다 | 奥 속, 안 | 進む 나아가다

문형 포인트

1. 御(お/ご)

접두어 御(お/ご)는 명사, 동사, 형용사, 부사 등에 붙여, 존경어, 겸양어, 또는 미화어(美化語, 어떤 사물이나 상태를 고상하게 일컫는 말)의 의미를 갖는다. 일반적으로 순수 일본어(和語)에는 「お」를 붙이고, 한자 단어(漢語)에는 「ご」를 붙이지만, 예외가 많다.

☙ お荷物は座席の下に置いてください。 짐은 좌석 밑에 놓아 주십시오.

☙ お飲み物はお茶でよろしいでしょうか。 음료는 차로 괜찮으시겠습니까?

☙ こちらにご署名をお願いいたします。 여기에 서명을 부탁드립니다.

☙ ご注文を承ります。 주문을 받겠습니다.

Tip

1) 일반적으로 순수 일본어에는 「お」를 붙인다.
   お酒　お水　お店　お名前　お箸　お米　お花 등

2) 일반적으로 한자어에는 「ご」를 붙인다.
   ご主人　ご住所　ご宿泊　ご注文　ご夫婦　ご予算 등

3) 한자어라도 「お」를 붙이는 경우가 있다.
   お料理　お電話　お掃除　お人形　お食事　お時間 등

4) 순수 일본어에 「ご」를 붙이는 경우도 있다.
   ごゆっくり　ごもっとも 등

5) 「お」와 「ご」 양쪽 다 쓸 수 있는 경우도 있다.
   お返事/ご返事　お通知/ご通知 등

6) 「お」나 「ご」가 단어의 일부처럼 굳어진 경우도 있다.
   おやつ　おかず　おしぼり　お茶　ご飯 등

7) 외래어에는 일반적으로 「お」나 「ご」를 붙이지 않지만, 「お」를 붙이는 경우도 있다.
   おトイレ　おソース 등

8) 일반적으로는 형용사에 「お」를 붙이지 않지만, 일부의 형용사에는 붙이는 경우도 있다.
   お忙しい　お早い　お美しい 등

단어 및 표현

飲み物 음료 | 署名 서명 | 注文 주문 | 承る '聞く(듣다), 引き受ける(맡다)'의 겸양어, 삼가 듣다, 삼가 받다

2. ござる

「ござる」는 「ある」의 정중어로 '있다'라는 의미이다. 특수 활용을 하는 동사로 ます형은 「ございます」가 된다.

お預けのお荷物はございますか。 맡기실 짐은 있습니까?

オレンジジュース、コーラ、お水がございます。 오렌지주스, 콜라, 물이 있습니다.

他に必要なものはございませんか。 다른 필요한 것은 없습니까?

スーツケースの中にライターはございませんか。 여행 가방 안에 라이터는 없습니까?

Tip **특수 활용 경어 동사**

다음의 경어 동사는 ます형과 명령형에서 특수한 활용을 한다. 예를 들면, 「なさる」의 ます형은 원래 「なさります」이고, 명령형은 「なされ」이었으나, 근·현대에 음편(音便)의 영향으로 「なさいます」, 「なさい」와 같은 형태로 바뀌게 되었다.

기본형	ます형	명령형
ござる	ございます	
いらっしゃる	いらっしゃいます	いらっしゃい
おっしゃる	おっしゃいます	おっしゃい
なさる	なさいます	なさい
くださる	くださいます	ください

 단어 및 표현

オレンジジュース 오렌지주스 | **コーラ** 콜라 | **必要だ** 필요하다 | **スーツケース** 슈트 케이스, 여행 가방 | **ライター** 라이터

3. お(ご)～ください

「お(ご) + ます형/동작성명사 + ください」는 존경의 의뢰표현으로, '~하십시오, ~해 주십시오'
라는 의미이다. 예를 들어, 순수일본어 동사는 「お待ちください」와 같이 「お + ます형 +
ください」와 같은 형태가 되고, 한자 동사는 「ご連絡ください」와 같이 「ご + 동작성명사 +
ください」형태를 취한다. 동작성명사란, 동작성 의미를 가진 명사로 する를 붙여서 동사가 될
수 있는 명사를 말한다.

❧ ごゆっくりおくつろぎください。느긋하게 편안히 쉬십시오.

❧ お決まりでしたら、お呼びください。정해지시면, 불러 주십시오.

❧ お座席の番号をお確かめください。좌석 번호를 확인해 주십시오.

❧ 乗り継ぎのゲートを必ずご確認ください。환승 게이트를 반드시 확인해 주십시오.

단어 및 표현

ゆっくり 천천히, 느긋하게 | くつろぐ 편안히 쉬다 | 決まる 정해지다 | 確かめる 확인하다 | 乗り継ぎのゲート 환승 게이트

문형 연습

1. 보기와 같이 연습해 봅시다.

(お・ご)食事をお持ちいたします。

1　(お・ご)家族に1枚です。

2　(お・ご)茶でございます。

3　(お・ご)予算はどれくらいですか。

4　(お・ご)手洗いはどこですか。

2. 보기와 같이 연습해 봅시다.

カタログはシートポケットにあります

⇒ カタログはシートポケットにございます。

1　紅茶もあります ⇒

2　トイレは後ろの方にあります ⇒

3　イヤホンはこちらにあります ⇒

4　ビールもあります ⇒

予算 예산 | カタログ 카탈로그 | シートポケット 시트 포켓 | 紅茶 홍차 | トイレ 화장실 | イヤホン 이어폰 | ビール 맥주

3. 보기와 같이 연습해 봅시다.

入国（にゅうこく）カードをお持（も）ちでないお客様（きゃくさま）は、乗務員（じょうむいん）に知（し）らせる

⇒ 入国（にゅうこく）カードをお持（も）ちでないお客様（きゃくさま）は、乗務員（じょうむいん）にお知（し）らせください。

1 シートベルトを今一度（いまいちど）確認（かくにん）する ⇒

2 日（ひ）よけを上（あ）げる ⇒

3 税関申告書（ぜいかんしんこくしょ）に記入（きにゅう）する ⇒

4 お荷物（にもつ）は上（うえ）の棚（たな）に入（い）れる ⇒

入国（にゅうこく）カード 입국카드 | お客様（きゃくさま） 손님 | 知（し）らせる 알리다 | シートベルト 좌석 벨트 | 今一度（いまいちど） 다시 한 번 | 日（ひ）よけ 차양 | 上（あ）げる 올리다 | 税関申告書（ぜいかんしんこくしょ） 세관신고서 | 記入（きにゅう）する 기입하다 | 棚（たな） 선반

회화 연습

1. 보기와 같이 제시어를 활용하여 예문을 바꿔 말해 봅시다.

Track 1-02

> ⓐ お荷物はお一つ　ⓑ 壊れやすい物
>
> ------
>
> カウンター　　お客様、ⓐお荷物はお一つですか。
>
> 乗客　　はい、そうです。
>
> カウンター　　ⓑ壊れやすい物はございませんか。
>
> 乗客　　はい、ありません。

1 ⓐ 仁川まで　　　　　　ⓑ かばんの中にライターや補助バッテリーなど

2 ⓐ お二人様　　　　　　ⓑ ナイフ等の危険物

3 ⓐ お一人様　　　　　　ⓑ お預けのお荷物

4 ⓐ ソウル航空ははじめて　ⓑ 何かご不便なところ

단어 및 표현

仁川 인천 | ナイフ 칼 | 危険物 위험물 | 不便だ 불편하다

2. 보기와 같이 제시어를 활용하여 예문을 바꿔 말해 봅시다. 🎧 Track 1-03

🎧 Track 1-03

보기

ⓐ お座席は右の方　ⓑ 座席番号をもう一度　ⓒ 確かめる

乗務員　お客様、ⓐお座席は右の方でございます。

乗客　あ、どうも。

乗務員　ⓑ座席番号をもう一度、ⓒお確かめください。

1 ⓐ 搭乗券　　　　ⓑ ご搭乗の30分前までに　　　ⓒ 越す

2 ⓐ おしぼり　　　ⓑ 熱いですので　　　　　　　ⓒ 注意する

3 ⓐ トイレは後ろ側　ⓑ まもなく離陸いたしますので　ⓒ 急ぐ

4 ⓐ 毛布　　　　　ⓑ ごゆっくり　　　　　　　　ⓒ くつろぐ

단어 및 표현

座席番号 좌석번호 | **越す**(「お越し」의 형태로)「行く、来る」의 존경어, 가시다, 오시다 | **おしぼり** 물수건 | **注意する** 주의하다 |
側 편, 측 | **離陸する** 이륙하다 | **毛布** 모포, 담요

일본 문화

일본과 그 행정 체제

　일본은 홋카이도(北海道), 혼슈(本州), 시코쿠(四国), 규슈(九州) 등 4개의 큰 섬과 6,800여 개의 작은 섬들로 이루어져 있으며, 총면적은 약 378,000㎢이다. 전 국토의 약 4분의 3이 산지이고, 후지산(富士山, 3,776m)을 비롯하여 해발 3,000m가 넘는 산이 21개나 된다. 일본은 환태평양 조산대에 위치해 있어서 화산 활동이 활발하며, 지진이 자주 일어난다.

　일본의 행정 체제는 1도(도쿄도, 東京都), 1도(홋카이도, 北海道), 2부(오사카부·교토부, 大阪府·京都府), 43현(県) 등 총 47개의 도도부현(都道府県)으로 구성되어 있고, 그 아래에는 도쿄도(東京都)의 23개 특별구(特別区)와 시정촌(市町村)을 두고 있다.

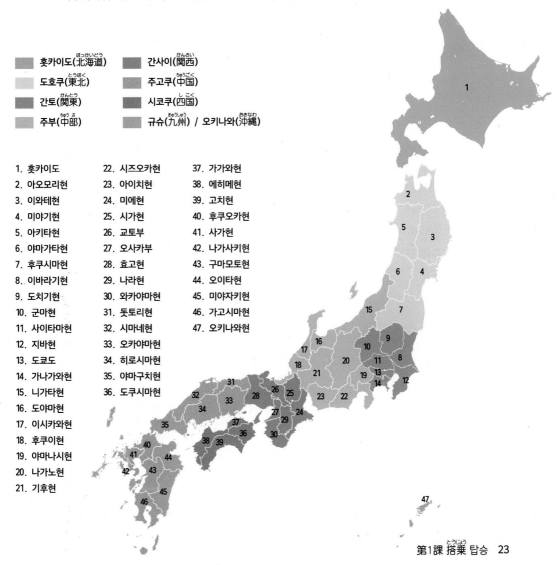

■ 홋카이도(北海道)	■ 간사이(関西)
■ 도호쿠(東北)	■ 주고쿠(中国)
■ 간토(関東)	■ 시코쿠(四国)
■ 주부(中部)	■ 규슈(九州) / 오키나와(沖縄)

1. 홋카이도
2. 아오모리현
3. 이와테현
4. 미야기현
5. 아키타현
6. 야마가타현
7. 후쿠시마현
8. 이바라기현
9. 도치기현
10. 군마현
11. 사이타마현
12. 지바현
13. 도쿄도
14. 가나가와현
15. 니가타현
16. 도야마현
17. 이시카와현
18. 후쿠이현
19. 야마나시현
20. 나가노현
21. 기후현

22. 시즈오카현
23. 아이치현
24. 미에현
25. 시가현
26. 교토부
27. 오사카부
28. 효고현
29. 나라현
30. 와카야마현
31. 돗토리현
32. 시마네현
33. 오카야마현
34. 히로시마현
35. 야마구치현
36. 도쿠시마현

37. 가가와현
38. 에히메현
39. 고치현
40. 후쿠오카현
41. 사가현
42. 나가사키현
43. 구마모토현
44. 오이타현
45. 미야자키현
46. 가고시마현
47. 오키나와현

🎧 Track 2-01

こちらは入国カードと税関申告書でございます。

離陸直前の機内アナウンス

皆様、本日はソウル航空をご利用いただき、誠にありがとうございます。この飛行機は

ソウル行き923便でございます。機長は田中、私は客室担当の鈴木でございます。

仁川国際空港までは約1時間40分を予定しております。それでは皆様、空の旅を

ごゆっくりお楽しみください。

⋯⋯⋯⋯⋯⋯⋯⋯⋯⋯⋯⋯⋯⋯⋯

この飛行機はまもなく離陸いたします。シートベルトをしっかりとお締めください。また、

機内での喫煙は法律で堅く禁じられておりますので、ご遠慮ください。

離陸直後の機内アナウンス

ただ今、ベルトのサインが消えましたが、飛行中には急に揺れることがございます

ので、座席にお着きの際には、シートベルトをお締めください。

단어 및 표현

離陸 이륙 | 直前 직전 | 機内アナウンス 기내 방송 | 皆様 여러분 | 本日 오늘 | 誠に 대단히, 정말로 | 機長 기장 | 客室 객실 |
担当 담당 | 仁川国際空港 인천국제공항 | 予定する 예정하다 | 空の旅 하늘 여행, 비행기 여행 | 楽しむ 즐기다 | まもなく
이윽고, 곧 | しっかりと 꽉, 단단히 | 締める 매다, 잠그다 | 機内 기내 | 喫煙 흡연 | 法律 법률 | 堅い 엄하다, 단단하다 | 禁ずる
금하다 | 遠慮する 삼가다, 꺼리다, 사양하다 | 直後 직후 | ただ今 지금 막, 현재 | ベルト 벨트 | サイン 사인 | 消える 꺼지다 |
飛行中 비행 중 | 急に 갑자기 | 揺れる 흔들리다 | 座席に着く 좌석에 앉다 | ～際 ~때, 즈음

入国<ruby>カードと<rt>にゅうこく</rt></ruby>税関申告書

<ruby>乗務員<rt>じょうむいん</rt></ruby>　お客様、入国の書類はお持ちですか。

<ruby>乗客<rt>じょうきゃく</rt></ruby>　いいえ。

<ruby>乗務員<rt>じょうむいん</rt></ruby>　こちらは入国カードと税関申告書でございます。

<ruby>乗客<rt>じょうきゃく</rt></ruby>　ありがとうございます。入国カードと税関申告書は一人一枚ですか。

<ruby>乗務員<rt>じょうむいん</rt></ruby>　税関申告書はご家族で一枚でもかまいませんが、入国カードは各自、ご記入ください。

<ruby>乗客<rt>じょうきゃく</rt></ruby>　はい、わかりました。

단어 및 표현

書類 서류 | **〜枚** ~장 | **家族** 가족 | **各自** 각자

문형 포인트

1. ～でございます

「～でございます」는「～です」보다 정중한 표현으로, '~입니다'라고 해석한다.

➥ あいにく満席でございます。 공교롭게도 만석입니다.

➥ 機内はすべて禁煙でございます。 기내는 모두 금연입니다.

➥ 天候は曇り、気温は20度でございます。 날씨는 흐림, 기온은 20도입니다.

➥ まもなく仁川国際空港に着陸の予定でございます。 곧 인천국제공항에 착륙 예정입니다.

2. ～ております

「～ております」는「～ています」의 겸양표현으로 '~(하)고 있습니다, ~되어 있습니다'라고 해석한다.

➥ 心から感謝しております。 진심으로 감사드리고 있습니다.

➥ またのご搭乗をお待ちしております。 다시 탑승해 주실 것을 기다리고 있겠습니다.

➥ 飛行時間は2時間を予定しております。 비행시간은 두 시간을 예정하고 있습니다.

➥ 受付カウンターで手続きをしております。 접수대에서 수속을 하고 있습니다.

단어 및 표현

あいにく 공교롭게도 | 満席 만석 | 禁煙 금연 | 天候 날씨 | 曇り 흐림 | 気温 기온 | まもなく 이윽고, 곧 | 仁川国際空港 인천국제공항 | 着陸 착륙 | 心から 진심으로 | 感謝する 감사하다 | 飛行時間 비행시간 | 受付カウンター 접수대 | 手続き 수속, 절차

3. お(ご)～ですか / お(ご)～でしょうか

「お(ご) + ます형/동작성명사 + ですか(でしょうか)」는 상대방을 높이는 존경표현으로,
'~(이)십니까?'라고 해석한다.

🍃搭乗券はお持ちですか。 탑승권은 가지고 계십니까?

🍃お仕事ですか。それともご旅行ですか。 업무이십니까? 아니면 여행이십니까?

🍃リモコンの使い方をご存じでしょうか。 리모컨 사용법을 알고 계십니까?

🍃お客様、お呼びでしょうか。 손님, 부르셨습니까?

Tip **고객에 대한 호칭과 지칭**

お客様 손님	日本の方 일본분	お連れ様 동행 손님
ご一行様 일행분	団体様 단체 손님	代表の方 대표자
皆様 여러분	引率の方 인솔자	ご夫婦(ご夫妻) 부부
お子様 자녀분	ご主人様(旦那様) 남편분	奥様 부인(사모님)

단어 및 표현

仕事 일, 업무ㅣ旅行 여행ㅣリモコン 리모컨ㅣ使い方 사용법ㅣご存じ「存じ(알고 있음)」의 존경어, 알고 계심

문형 연습

1. 보기와 같이 연습해 봅시다.

手荷物の受け取りは、7番です

⇒ 手荷物の受け取りは、7番でございます。

1 乗り継ぎは2階です ⇒

2 入国審査はあちらです ⇒

3 搭乗口は20番ゲートです ⇒

4 お客様のお座席はあちらの通路側です ⇒

2. 보기와 같이 연습해 봅시다.

温かいお飲み物もご用意しています

⇒ 温かいお飲み物もご用意しております。

1 宅配サービスの受付をしています

⇒

2 ただ今、富士山の上空を通過しています

⇒

手荷物 수하물 | 受け取り 수취, 받음 | 乗り継ぎ 환승 | ~階 ~층 | 入国審査 입국 심사 | 用意する 준비하다 | 宅配サービス 택배 서비스 | 受付 접수 | 富士山 후지산 | 上空 상공 | 通過する 통과하다

③ 当機は仁川国際空港に向かっています

⇒

④ 関西国際空港までは約 1 時間を予定しています

⇒

3. 보기와 같이 연습해 봅시다.

보기

航空券を持つ

⇒ 航空券をお持ちですか。/ 航空券をお持ちでしょうか。

① 持ち帰る ⇒   /

② 何か探す ⇒   /

③ お食事は済む ⇒   /

④ どちらのお席を希望する

⇒   /

단어 및 표현

当機 이 비행기 | 向かう 향하다 | 関西国際空港 간사이국제공항 | 航空券 항공권 | 持ち帰る 가지고 가다 | 探す 찾다 | 済む 끝나다 | 席 자리, 좌석 | 希望する 희망하다

회화 연습

1. 보기와 같이 제시어를 활용하여 예문을 바꿔 말해 봅시다.

Track 2-02

보기

ⓐ ホットコーヒー　ⓑ 熱(あつ)いですので　ⓒ 気(き)をつける

乗務員(じょうむいん)　ⓐホットコーヒーでございますか。

乗客(じょうきゃく)　あ、はい。

乗務員(じょうむいん)　ⓑ熱(あつ)いですので、ⓒお気(き)をつけください。

1　ⓐ お客様(きゃくさま)のお荷物(にもつ)　ⓑ お荷物(にもつ)は前(まえ)の座席(ざせき)の下(した)に　ⓒ 入(い)れる

2　ⓐ おつまみ　ⓑ お持(も)ちいたしますので　ⓒ 待(ま)つ

3　ⓐ 入国(にゅうこく)カード　ⓑ 入国(にゅうこく)カードは各自(かくじ)　ⓒ 記入(きにゅう)する

4　ⓐ お茶(ちゃ)　ⓑ こぼれやすいですので　ⓒ 注意(ちゅうい)する

단어 및 표현

おつまみ 간단한(마른) 안주 | **こぼれる** 엎질러지다, 흘러넘치다

2. 보기와 같이 제시어를 활용하여 예문을 바꿔 말해 봅시다. 🎧 Track 2-03

예문

ⓐ エチケット袋　ⓑ お座席の前のシートポケットに入る

乗務員　お客様、お呼びでしょうか。

乗客　ⓐエチケット袋はありますか。

乗務員　はい、ⓑお座席の前のシートポケットに入っております。

1 ⓐ 何か読み物　　　　ⓑ 新聞と雑誌をご用意する

2 ⓐ ラーメン　　　　　ⓑ ラーメンは別料金となる

3 ⓐ 免税品のカタログ　ⓑ こちらのポケットの中に入る

4 ⓐ リモコン　　　　　ⓑ リモコンは画面の横に付く

단어 및 표현

エチケット袋 에티켓 봉투, 위생 봉투 | **ラーメン** 라면 | **別料金** 별도 요금 | **免税品のカタログ** 면세품 카탈로그 | **ポケット** 포켓 | **画面** 화면

일본 문화

일본의 교통 문화

일본의 철도(鉄道)

일본은 교통 시스템이 매우 발달한 나라이다. 대중교통의 주요 수단인 철도는 1872년 도쿄 신바시(新橋)와 요코하마(横浜)를 연결하는 철도를 시작으로, 이후 비약적인 발전을 거듭해 왔다. 일본의 철도는 JR(Japan Railway), 지하철, 그 외 사철(私鉄, 민간회사에서 운영하는 전철)로 크게 분류된다. JR은 1987년에 민영화되어, 6개

(北海道、東日本、西日本、東海、四国、九州) 노선과 1개의 화물(貨物) 노선이 현재 운행되고 있다.

▲ 일본 전철

고속철도 신칸센(新幹線)

세계 최초의 고속철도인 도카이도(東海道) 신칸센은 1964년 10월 1일, 도쿄 하계 올림픽을 대비하여 개통되었으며, 도쿄에서 오사카까지 7시간 30분 걸리던 이동시간을 4시간으로 단축시켰다. 이후 전국을 잇는 신칸센이 차례로 개통되면서 지역 간의 이동이 활발해졌으며, 출퇴근을 포함한 장거리 여객 수송의 중심이 되었다. 신칸센은 편리한 만큼 교통 요금이 매우 비싸지만, JR패스(Japan Rail pass)와 같이 외국인이 저렴하게 이용할 수 있는 특별할인 티켓도 발매되고 있다. JR패스는 이용 기간에 따라 7일, 14일, 21일권으로 나누어져 있으며, 최초 승차일로부터 거리, 횟수에 상관없이 무제한 사용 가능하다.

▲ 신칸센

지하철(地下鉄)과 전철(電車)

한국의 지하철은 지상과 지하를 넘나들지만, 일본은 지상을 달리는 전철(電車)과 지하를 달리는 지하철(地下鉄)로 구분된다. 도쿄 도심부에는 JR 전철 외에 민간 회사에서 운영하는 전철 각 노선과 13개의 지하철 노선이 매우 복잡하게 얽혀 있다. 예를 들어 세계 승객 순위 1위인 신주쿠(新宿)역에는 총 11개의 노선이 지나기 때문에, 같은 철도 회사가 아니면 환승 시 따로 요금을 내거나, 다시 승차권을 구매해야 하는 번거로움이 있다.

도쿄의 대표 전철인 JR야마노테센(山手線)은 우리나라의 지하철 2호선과 같이 녹색으로 표시되는 순환선으로, 신주쿠를 포함한 도쿄 23구의 주요 역을 대부분 포함하고 있는 도쿄의 황금노선이다. 운행은 시계 방향의 외선 순환(外回り)과 반시계 방향의 내선 순환(内回り)이 있으며, 한 바퀴를 순회하는 데에는 약 1시간이 소요된다. 그 외, 신주쿠와 오다와라(小田原)를 연결하는 오다큐(小田急) 전철, 도쿄와 나리타(成田) 공항을 연결하는 게세(京成) 전철, 시부야(渋谷)에서 요코하마를 연결하는 도큐(東急) 전철 등이 있다.

▲ 신주쿠역

노면전철(路面電車)

히로시마(広島), 마쓰야마(松山), 도야마(富山) 등 여러 지역에는 지금도 도로를 달리는 노면전철이 남아 있다. 자동차 보급의 증가로 교통 흐름에 지장을 준다고 하여 경원시되다가, 80년대 이후 자동차로 인한 대기오염 등의 사회문제가 지속적으로 제기되면서 노면전철의 장점이 재평가되고 있다.

▲ 노면전철

第3課 機内サービスと着陸 기내 서비스와 착륙

🎧 Track 3-01

お飲み物は何になさいますか。

乗務員 お客様、お食事でございます。お食事はビーフとチキンがございますが、

どちらになさいますか。

乗客 あ、そうですね。じゃ、チキンにします。

乗務員 はい、かしこまりました。お飲み物は何になさいますか。

コーヒーとお茶がございますが。

乗客 じゃ、コーヒーをお願いします。

乗務員 はい、どうぞ。熱いですので、

ご注意ください。

機内販売のアナウンス

皆様、ご案内申し上げます。ただ今より、免税品の販売を開始いたします。お求めの
商品がこざいましたら、お近くの客室乗務員にお申し出ください。

．．．．．．．．．．．．．．．．．．．．．．．．．．．．．．．

ご案内申し上げます。まもなく免税品の販売を終了いたします。ご希望の方はお早
めに客室乗務員にお知らせください。

단어 및 표현

機内サービス 기내 서비스 | 着陸 착륙 | ビーフ 소고기 | チキン 닭고기 | 機内販売 기내 판매 | 免税品 면세품 | 販売 판매 | 開
始する 개시하다 | お求めの商品 찾으시는 상품 | 客室乗務員 객실 승무원 | 申し出る 요청하다 | 終了する 종료하다 | ご希
望の方 희망하시는 분 | 早めに 조금 빨리

着陸直前の機内アナウンス

この飛行機はただ今よりおよそ20分後、仁川国際空港に到着する予定です。ただ今の時刻は午後1時20分、天候は晴れ、気温は19度でございます。ベルト着用のサインが点灯しましたら、シートベルトをしっかりとお締めください。なお、お使いになったテーブルと座席の背もたれを元の位置にお戻しください。

着陸直後の機内アナウンス

皆様、当便は仁川国際空港に着陸いたしました。ベルト着用のサインが消えるまで、シートベルトをお締めになったまま、少々お待ちください。これから先、電波を発する電子機器はご使用になれますが、携帯電話の通話は周りのお客様にご迷惑になりますので、お控えください。

．．．．．．．．．．．．．．．．．．．．．．．．．．

ただ今、この飛行機は停止いたしました。お忘れ物をなさらないよう、お確かめください。なお、上の棚をお開けの際には、荷物が滑り出る恐れがございますので、ご注意ください。本日はソウル航空をご利用いただき、誠にありがとうございました。

단어 및 표현

およそ 대략 | 時刻 시각 | 午後 오후 | 晴れ 맑음 | 着用 착용 | 点灯する 점등되다 | なお 또한 | テーブル 테이블 | 背もたれ 등받이 | 元 원래 | 位置 위치 | 戻す 되돌리다 | 当便 이 비행기 | 電波 전파 | 発する 일으키다 | 電子機器 전자기기 | 使用する 사용하다 | 携帯電話 휴대전화 | 通話 통화 | 周り 주변 | 迷惑 폐, 성가심 | 控える 삼가다 | 停止する 정지하다 | 忘れ物 분실물 | 滑り出る 미끄러져 나오다 | 恐れ 염려, 우려 | 利用する 이용하다

문형 포인트

1. ～なさいますか

「～なさいますか」는 「する」의 존경어 「なさる」를 활용한 표현으로, '～하시겠습니까?'라는 의미이다.

🌿 お支払いはいかがなさいますか。계산은 어떻게 하시겠습니까?

🌿 お飲み物は何になさいますか。음료는 무엇으로 하시겠습니까?

🌿 現金とカード、どちらになさいますか。현금과 카드, 어느 것으로 하시겠습니까?

🌿 窓側と通路側、どちらになさいますか。창 측과 통로 측, 어느 쪽으로 하시겠습니까?

2. ～ので

「ので」는 원인과 이유를 나타내는 접속조사로, 「～です」나 「～ます」뒤에 접속되어 정중한 표현이 된다.

🌿 熱いですので、ご注意ください。뜨거우니, 주의하십시오.

🌿 危険ですので、お気をつけください。위험하오니, 조심하십시오.

🌿 お調べいたしますので、少々お待ちください。알아 보겠으니, 잠시 기다려 주십시오.

🌿 まもなく着陸いたしますので、テーブルを元の位置にお戻しください。
곧 착륙하오니, 테이블을 원래 위치로 되돌려 주십시오.

단어 및 표현

お支払い 지불, 계산 | 現金 현금 | カード 카드 | 危険だ 위험하다 | 調べる 조사하다, 알아보다

3. お(ご)〜になります

「お(ご) + ます형/동작성명사 + になります」는 '〜(하)십니다'라는 의미의 존경표현으로, 활용형인
「なりますか」는 '하시겠습니까?'라는 의미가 된다.

🌿 一時間ほどお待ちになりますが、よろしいでしょうか。

　한 시간 정도 기다리시겠습니다만, 괜찮으시겠습니까?

🌿 いつまでご滞在になりますか。언제까지 체류하시겠습니까?

🌿 枕をお使いになりますか。베개를 사용하시겠습니까?

🌿 何をお飲みになりますか。무엇을 마시겠습니까?

단어 및 표현

滞在する 체류하다 | 枕 베개

문형 연습

1. 보기와 같이 연습해 봅시다.

> **보기**
>
> コーヒーと紅茶がありますが、どちらにしますか
>
> ⇒ コーヒーと紅茶が<u>ございます</u>が、どちらに<u>なさいますか</u>。

1 ビーフとチキンがありますが、どちらにしますか

⇒

2 赤ワインと白ワインがありますが、どちらにしますか

⇒

3 オレンジジュースとコーラがありますが、どちらにしますか

⇒

4 この商品は単品とセットがありますが、どちらにしますか

⇒

2. 보기와 같이 연습해 봅시다.

> **보기**
>
> まもなく着陸いたします / シートベルトをお締めください
>
> ⇒ まもなく着陸いたします<u>ので</u>、シートベルトをお締めください。

1 暗いです / 足下にご注意ください

⇒

단어 및 표현

赤ワイン 레드 와인 | 白ワイン 화이트 와인 | 単品 단품 | セット 세트 | 足下 발밑

2 すぐお持ちいたします / 少々お待ちください

⇒

3 ご案内いたします / こちらへどうぞ

⇒

4 まもなく離陸いたします / お急ぎください

⇒

3. 보기와 같이 연습해 봅시다.

ワインを飲む

⇒ ワインをお飲みになりますか。

1 お荷物を預ける ⇒

2 いつまで泊まる ⇒

3 毛布を利用する ⇒

4 いつ出発する ⇒

단어 및 표현

急ぐ 서두르다 | 泊まる 묵다, 숙박하다

회화 연습

1. 보기와 같이 제시어를 활용하여 예문을 바꿔 말해 봅시다.　Track 3-02

ⓐ お食事　ⓑ ビビンバとサンドイッチ　ⓒ ビビンバ

乗務員　お客様、ⓐお食事はⓑビビンバとサンドイッチと、どちらになさい
ますか。

乗客　ⓒビビンバにします。

乗務員　はい、かしこまりました。

1　ⓐ お飲み物　　　ⓑ コーヒーとお茶　　　ⓒ コーヒー

2　ⓐ ワイン　　　　ⓑ 赤と白　　　　　　ⓒ 赤ワイン

3　ⓐ お食事　　　　ⓑ ビーフとチキン　　ⓒ ビーフ

4　ⓐ お座席　　　　ⓑ 窓側と通路側　　　ⓒ 通路側

단어 및 표현

ビビンバ 비빔밥｜サンドイッチ 샌드위치

2. 보기와 같이 제시어를 활용하여 예문을 바꿔 말해 봅시다.

🎧 Track 3-03

보기

ⓐ 着陸_{ちゃくりく}する　ⓑ 日_ひよけを　ⓒ 上_あげる

乗務員_{じょうむいん}　まもなくⓐ着陸_{ちゃくりく}いたしますので、ⓑ日_ひよけをⓒお上_あげください。

乗客_{じょうきゃく}　あ、はい。

乗務員_{じょうむいん}　ご協力_{きょうりょく}、ありがとうございます。

1 ⓐ 離陸_{りりく}する　　ⓑ お手洗_{てあら}いのご使用_{しよう}は　　ⓒ 遠慮_{えんりょ}する

2 ⓐ 着陸_{ちゃくりく}する　　ⓑ 電子機器_{でんしきき}の電源_{でんげん}を　　ⓒ 切_きる

3 ⓐ 離陸_{りりく}する　　ⓑ シートベルトを　　ⓒ 締_しめる

4 ⓐ 着陸_{ちゃくりく}する　　ⓑ 背_せもたれを元_{もと}の位置_{いち}に　　ⓒ 戻_{もど}す

단어 및 표현

協力_{きょうりょく} 협력 | **電源_{でんげん}を切_きる** 전원을 끄다

일본 문화

일본의 여가 생활

하나미(花見)

하나미의 어원은 '꽃(花)+구경하다(見る)'이며, 여기에서 꽃이란 주로 벚꽃(桜)을 가리킨다. 일본에는 '꽃은 벚나무, 사람은 무사(花は桜木、人は武士)'라는 명언이 있는데, 이는 '벚꽃이 일제히 피었다가 순식간에 지는 것처럼, 무사는 죽음을 두려워하지 않고 깨끗하게 받아들여야 한다'는 뜻으로, 일본 정신의 상징으로 일컬어지고 있다.

일본 기상협회는 2월 하순 경에 지역별 벚꽃 개화 예상일을 발표하는데, 이를 사쿠라 전선(桜前線)이라고 한다. 벚꽃이 피기 시작하여 지기까지는 2주 정도의 짧은 기간으로, 이 시기에는 가족, 친구, 직장 동료 등과 함께 하나미 도시락(花見弁当), 하나미 경단(花見団子), 하나미 술(花見酒) 등을 먹으며 하나미를 즐긴다.

▲ 하나미

하나비(花火)

일본에서는 7, 8월경이 되면 전국적으로 하나비 대회(花火大会)가 개최된다. 일본의 하나비 문화는 여름의 대표적인 여가 활동으로, 이 기간에는 불꽃놀이와 함께, 현대적 감각이 가미된 다양한 이벤트가 개최된다.

하나비의 어원은 '꽃(花)+불(火)'이며, 대포와 화약이 전래된 15세기경에 시작되었다고 한다. 에도 시대(江戸時代, 1603~1867)는 도쿠가와 이에야스(德川家康)에 의한 전국통일 이후, 260년간 전쟁이 없는 평화로운 시대였으므로, 무기용 화약은 더 이상 사용할 곳이 없었다. 도쿠가와 막부는 하나비 기술자들을 스미다가와(隅田川)에 집결시켜 솜씨를 겨루게 하였는데, 이때 등장한 하나비 제조업자(花火師)인 가기야야헤(鍵屋弥兵衛)와 다마야이치베(玉屋市兵衛)는 일본의 하나비 문화를 대중화시킨 주인공이기도 하다.

▲ 하나비

단풍놀이(紅葉狩り)

단풍은 일본어로 '고요(紅葉)', 또는 '모미지(紅葉)'라고 하는데, '가리(狩り, 동식물을 감상하거나 채집하는 일)'와 연결될 때는 '모미지가리(紅葉狩り)'라고 읽는다. 일본의 단풍놀이 시기는 매년 조금씩 다르지만, 대개는 10월 중순 이후부터 전국적으로 단풍이 물들기 시작한다. 사쿠라 전선과는 반대로 가장 추운 홋카이도에서 단풍전선이 남하하기 시작하여, 11월 하순경 일본 남단의 규슈 지방으로 이어진다. 도쿄의 메이지신궁 가이엔(外苑)과 교토의 고다이지(高台寺), 아라시야마(嵐山) 등이 단풍으로 유명하다.

▲ 아라시야마 단풍

항공 서비스 필수 단어

☐ 空港 공항
☐ インフォメーションセンター 안내 센터
☐ 飛行機 비행기
☐ 航空 항공
☐ ターミナル 터미널
☐ 航空券 항공권
☐ チケット 티켓
☐ eチケット 전자 티켓
☐ 予約 예약
☐ 搭乗券(ボーティングパス) 탑승권
☐ エコノミークラス 이코노미 클래스 (일반석)
☐ ファーストクラス 퍼스트 클래스 (일등석)
☐ ビジネスクラス 비즈니스 클래스 (이등석)
☐ マイレージ 마일리지
☐ ローミングサービス 로밍 서비스
☐ 受付カウンター 접수대
☐ チェックインカウンター 체크인 카운터
☐ セルフチェックイン 셀프 체크인
☐ 壊れやすい物 깨지기 쉬운 물건
☐ 目的地 목적지

☐ 出発地 출발지
☐ 手荷物 수하물
☐ スーツケース 슈트 케이스, 여행 가방
☐ 引換証 교환증
☐ ビザ 비자
☐ パスポート 여권
☐ 呼び出し 호출
☐ 出国審査 출국심사
☐ 乗客 승객
☐ (客室)乗務員 (객실)승무원
☐ 乗り継ぎ 환승
☐ 便名 편명
☐ ～発 ~발
☐ ～行き ~행
☐ ～便 ~편
☐ 片道 편도
☐ 往復 왕복
☐ 危険物 위험물
☐ 忘れ物 분실물
☐ 搭乗口 탑승구

- [ ] ゲート 게이트
- [ ] 非常口（ひじょうぐち） 비상구
- [ ] 機内モード（きない） 비행기 모드
- [ ] 座席（ざせき） 좌석
- [ ] 窓側（まどがわ） 창 측
- [ ] 通路側（つうろがわ） 통로 측
- [ ] シートベルト 좌석 벨트
- [ ] シートポケット 시트 포켓
- [ ] 棚（たな） 선반
- [ ] 入国カード（にゅうこく） 입국 카드
- [ ] 出国申告書（しゅっこくしんこくしょ） 출국신고서
- [ ] 税関申告書（ぜいかんしんこくしょ） 세관신고서
- [ ] 機内サービス（きない） 기내 서비스
- [ ] 毛布（もうふ） 담요
- [ ] おしぼり 물수건
- [ ] 背もたれ（せ） 등받이
- [ ] 常備薬（じょうびやく） 상비약
- [ ] エチケット袋（ぶくろ） 에티켓 봉투, 위생 봉투

- [ ] リモコン 리모컨
- [ ] 機内アナウンス（きない） 기내 방송
- [ ] 現地の天気（げんち てんき） 현지 날씨
- [ ] 空の旅（そら たび） 하늘 여행, 비행기 여행
- [ ] 免税品のカタログ（めんぜいひん） 면세품 카탈로그
- [ ] 受け取りベルト（う と） 수하물 벨트(짐 찾는 곳)
- [ ] コインロッカー 코인로커
- [ ] リムジンバス 리무진 버스
- [ ] 預ける（あず） 맡기다
- [ ] 預かる（あず） 맡다, 보관하다
- [ ] 搭乗する（とうじょう） 탑승하다
- [ ] 点灯する（てんとう） 점등되다
- [ ] 記入する（きにゅう） 기입하다
- [ ] 出発する（しゅっぱつ） 출발하다
- [ ] 到着する（とうちゃく） 도착하다
- [ ] 離陸する（りりく） 이륙하다
- [ ] 着陸する（ちゃくりく） 착륙하다
- [ ] 停止する（ていし） 정지하다

PART 2

ホテルサービス

호텔 서비스

🎧 Track 4-01

お泊まりの方は何名様でいらっしゃいますか。

予約係	ありがとうございます。ソウルホテルの客室予約係でございます。
お客	あのう、宿泊の予約をしたいんですが。
予約係	はい、いつからのご予約でしょうか。
お客	3月8日から二泊でお願いします。
予約係	かしこまりました。お泊まりの方は何名様でいらっしゃいますか。
お客	大人二人です。
予約係	はい、二名様ですね。お部屋のタイプはいかがなさいますか。
お客	ツインルームでお願いします。それから禁煙室でお願いできますか。
予約係	はい、かしこまりました。朝食はいかがなさいますか。
お客	じゃ、朝食もお願いします。
予約係	かしこまりました。それでは、お名前とご連絡先をお願いいたします。
お客	石原里美といいます。電話番号は090-1234-5678です。

단어 및 표현

予約 예약 | **～名様** ~분 | **客室予約係** 객실 예약 담당 | **宿泊** 숙박 | **～泊** ~박 | **大人** 어른 | **お部屋** 방 | **タイプ** 타입 | **ツインルーム** 트윈룸 | **禁煙室** 금연실 | **朝食** 조식 | **連絡先** 연락처

予約係 ありがとうございます。それでは、ご予約を確認いたします。
石原様、3月8日から二泊、朝食付きのツインルームでよろしいでしょうか。

お客 はい、お願いします。

予約係 当日のチェックインは3時以降となっておりますので、ご了承ください。

お客 はい、わかりました。

予約係 ご予約ありがとうございます。ご来館をお待ちしております。

문형 포인트

1. ～でいらっしゃいますか

「～でいらっしゃいますか」는「～ですか」의 존경표현으로, '～이십니까?'라고 해석한다.

🌿 ガイドさんでいらっしゃいますか。 가이드 님이십니까?

🌿 お一人様^{ひとり さま}でいらっしゃいますか。 한 분이십니까?

🌿 何泊^{なんぱく}のご予定^{よ てい}でいらっしゃいますか。 몇 박 예정이십니까?

🌿 ご予約^{よ やく}の鈴木様^{すず き さま}でいらっしゃいますか。 예약하신 스즈키 님이십니까?

Tip **고객의 인원수를 세는 법**

一名様(お一人様) いちめいさま ひとり さま	二名様(お二人様) に めいさま ふたり さま	三名様 さんめいさま	四名様 よんめいさま	五名様 ご めいさま
六名様 ろくめいさま	七名様 ななめいさま	八名様 はちめいさま	九名様 きゅうめいさま	十名様 じゅうめいさま

숙박에 필요한 조수사

一泊 いっぱく	二泊 に はく	三泊 さんぱく	四泊 よんぱく	五泊 ご はく
六泊 ろっぱく	七泊 ななはく	八泊 はっぱく	九泊 きゅうはく	十泊(十泊) じゅっぱく じっぱく

一泊二日 いっぱくふつか	二泊三日 に はくみっか	三泊四日 さんぱくよっか	四泊五日 よんぱくいつか	五泊六日 ご はくむいか
六泊七日 ろっぱくなの か	七泊八日 ななはくようか	八泊九日 はっぱくここの か	九泊十日 きゅうはくとおか	

단어 및 표현

ガイドさん 가이드님 | 何泊^{なんぱく} 몇 박

2. お願いできますか

「お願いできますか」는 상대방에게 요청이나 부탁을 할 때 쓰는 표현으로, '부탁드려도 될까요?'라고 해석한다.

🍃 お砂糖とミルクをお願いできますか。 설탕과 우유를 부탁드려도 될까요?

🍃 お部屋の変更をお願いできますか。 방 변경을 부탁드려도 될까요?

🍃 眺めのいい部屋をお願いできますか。 경치 좋은 방을 부탁드려도 될까요?

🍃 日帰り観光の予約をお願いできますか。 당일치기 관광 예약을 부탁드려도 될까요?

3. いかがなさいますか

「いかがなさいますか」는 「どうしますか」의 존경표현으로, 상대방의 의향을 물을 때 쓰는 표현이며, '어떻게 하시겠습니까?'라고 해석한다.

🍃 塩加減はいかがなさいますか。 소금 간은 어떻게 하시겠습니까?

🍃 打ち合わせの時間はいかがなさいますか。 미팅 시간은 어떻게 하시겠습니까?

🍃 お支払い方法はいかがなさいますか。 계산 방법은 어떻게 하시겠습니까?

🍃 シングルルームでよろしければご用意できますが、いかがなさいますか。
싱글룸으로 괜찮으시다면 준비할 수 있습니다만, 어떻게 하시겠습니까?

단어 및 표현

砂糖 설탕 | ミルク 우유 | 変更 변경 | 眺め 경치 | 日帰り観光 당일치기 관광 | 塩加減 소금 간 | 打ち合わせ 협의, 미팅 | お支払い方法 계산 방법 | シングルルーム 싱글룸

문형 연습

1. 보기와 같이 연습해 봅시다.

> **보기**
>
> なんめいさま　　　なんめいさま
> 何名様 ⇒ <u>何名様でいらっしゃいますか。</u>

1 だんたいさま
団体様 ⇒

2 だいひょう　かた
代表の方 ⇒

3 いっこうさま
ご一行様 ⇒

4 よ やく　　きゃくさま
ご予約のお客様 ⇒

2. 보기와 같이 연습해 봅시다.

> **보기**
>
>   ねが
> ツインルーム ⇒ ツインルーム、<u>お願いできますか。</u>

1 こしょう
胡椒 ⇒

2 と　ざら
取り皿 ⇒

3 ルームサービス ⇒

4 モーニングコール ⇒

단어 및 표현

だんたいさま　　　　　　　だいひょう　かた　　　　　　　　　いっこうさま　　　　　　こしょう　　　　　と　ざら
団体様 단체 손님 | **代表の方** 대표하시는 분, 대표자 | **ご一行様** 일행분 | **胡椒** 후추 | **取り皿** 앞접시 | **ルームサービス** 룸 서

비스 | **モーニングコール** 모닝콜

3. 보기와 같이 연습해 봅시다.

お支払_{しはら}い ⇒ お支払_{しはら}いはいかがなさいますか。

1 朝食_{ちょうしょく} ⇒

2 ご注文_{ちゅうもん} ⇒

3 お飲_のみ物_{もの} ⇒

4 ステーキの焼_やき加減_{かげん} ⇒

단어 및 표현

ステーキ 스테이크 | 焼_やき加減_{かげん} 굽는 정도

회화 연습

1. 보기와 같이 제시어를 활용하여 예문을 바꿔 말해 봅시다.　🎧 Track 4-02

ⓐ 8月15日から二泊　ⓑ 二人　ⓒ 二名様

お客　予約をしたいんですが。

予約係　はい、宿泊の日程はお決まりでしょうか。

お客　えーと、ⓐ8月15日から二泊で、ⓑ二人お願いできますか。

予約係　はい、ⓐ8月15日から二泊で、ⓒ二名様でいらっしゃいますね。

かしこまりました。

1 ⓐ 明日から一泊　　　　ⓑ 一人　　　　ⓒ 一名様

2 ⓐ 4月29日から三泊　　ⓑ 三人　　　　ⓒ 三名様

3 ⓐ 5月15日から四泊　　ⓑ 四人　　　　ⓒ 四名様

4 ⓐ 6月16日から五泊　　ⓑ 五人　　　　ⓒ 五名様

단어 및 표현

日程 일정

2. 보기와 같이 제시어를 활용하여 예문을 바꿔 말해 봅시다.

 Track 4-03

ⓐ お名前　ⓑ ご住所　ⓒ お電話番号

ーーーーーーーーーーーーーーーーーーーーーーーーーーーーー

フロント　こちらにⓐお名前とⓑご住所をご記入ください。

お客　　　はい、わかりました。ここですね。

フロント　それから、こちらにⓒお電話番号もお願いできますか。

お客　　　あ、はい。これでいいですか。

1 ⓐ メールアドレス　　　ⓑ ケータイ番号　　　ⓒ サイン

2 ⓐ お名前　　　　　　　ⓑ 生年月日　　　　　ⓒ 宿泊の人数

3 ⓐ パスポートのナンバー　ⓑ 便名　　　　　　　ⓒ ご連絡先

4 ⓐ お部屋番号　　　　　ⓑ 両替の金額　　　　　ⓒ ご署名

メールアドレス 메일 주소 | ケータイ番号 휴대전화 번호 | 生年月日 생년월일 | 人数 인원수 | ナンバー 넘버, 번호 | 便名 편명 | 金額 금액

일본 문화

일본의 의복 문화

기모노(着物)

기모노는 '입다(着る)'와 '물건(物)'이 합쳐진 말로, 일본의 전통 의상을 가리키는데, 서양 옷인 요후쿠(洋服)와 구별하여 와후쿠(和服)라고도 한다. 기모노는 키나 체형이 변해도 조절하여 입을 수 있도록 넉넉하게 만들어져 있으며, 옷고름이나 단추가 없으므로, 허리에 오비(帯)를 두르고 묶어서 입는다.

◀ 기모노 오비 뒷모습

도메소데(留め袖), 후리소데(振り袖)

여성의 경우에는 소매의 길이로 결혼 여부를 알 수 있다. 먼저, 기혼 여성은 결혼식이나 피로연 등 공식적인 자리에서 도메소데를 입는데, 이는 소매 폭이 좁고 단정한 무늬와 색감이 특징이다. 그리고 미혼 여성의 경우에는 성인식이나 졸업식과 같은 공식 행사가 있을 때 후리소데를 입는데, 이는 소매 폭이 넓으며, 화려한 자수와 염색으로 모양을 낸 것이 특징이다.

도메소데 ▶

◀ 후리소데

나가기(長着), 하오리(羽織), 하카마(袴)

나가기, 하오리, 하카마는 주로 남성이 입는 옷이지만, 요즘은 조금씩 형태를 달리하여 여성들도 입는다. 나가기는 길이가 발목까지 오는 기모노를 말하며, 흔히 평상복으로 입는 옷이다. 하오리는 나가기 위에 입는 짧은 겉옷이고, 하카마는 품이 넓고 긴 하의를 말한다. 하오리와 하카마는 공식적인 행사나 격식 있는 자리에서 남성용 정장으로 착용하기도 한다.

나가기에 하오리를 입은 모습 ▶　　　　　　　　　　　　◀ 남녀의 하카마

유카타(浴衣)

유카타는 목욕 가운이나 잠옷으로 사용되던 실내복이었지만, 요즘엔 평상복으로 입거나, 여름 마쓰리(祭り), 하나비(花火) 등 행사가 있을 때 입기도 한다. 유카타는 기모노에 비해 저렴하면서도 입기가 편할 뿐만 아니라 색감이 아름다워서 일본인들이 즐겨 입는 전통 의상이다.

▲ 유카타를 입은 남녀

チェックイン 체크인

🎧 Track 5-01 パスポートを拝見させていただきます。

フロントにて

フロント	いらっしゃいませ。
お客	予約した石原里美です。チェックインをお願いします。
フロント	ただ今、お調べいたしますので、少々お待ちください。

....

フロント	お待たせいたしました。本日から二泊で、二名様ですね。
お客	ええ、そうです。
フロント	恐れ入りますが、パスポートを拝見させていただきます。
お客	はい、どうぞ。
フロント	ありがとうございます。 こちらにお名前とご住所、お電話番号をご記入ください。
お客	はい。
フロント	お客様、パスポートのコピーを取らせていただいてもよろしいでしょうか。
お客	はい。
フロント	ありがとうございます。お支払いは先払いとなっておりますが。
お客	じゃあ、クレジットカードでお願いします。

단어 및 표현

拝見する (「見る」의 겸양어) 삼가보다 | フロント 프런트 | 恐れ入る 황송하다, 송구하다 | 住所 주소 | コピーを取る 복사를 하다 | 先払い(=前払い) 선불 | クレジットカード 신용카드

フロント　かしこまりました。

....

フロント　お待たせいたしました。カードをお返しいたします。

　　　　　こちらがお部屋の鍵と朝食券でございます。

お客　　　どうも。朝食はどこですか。

フロント　朝食は2階のレストランでございます。ご利用の時間は朝7時から10時まで

　　　　　となっておりますので、ご了承ください。

お客　　　はい、わかりました。それから、Wi-Fiのパスワードも教えていただけますか。

フロント　はい。Wi-Fiのパスワードは客室利用案内書に書いてありますので、ご参照く

　　　　　ださい。また、ご不明な点がございましたら、フロントまでご連絡ください。

お客　　　はい、ありがとうございます。

フロント　エレベーターはあちらでございます。ごゆっくりおくつろぎください。

単어 및 표현

鍵 열쇠 | **朝食券** 조식권 | **レストラン** 레스토랑 | **パスワード** 패스워드 | **客室利用案内書** 객실 이용 안내서 | **参照する** 참

조하다 | **不明だ** 불분명하다 | **エレベーター** 엘리베이터

문형 포인트

1. ～(さ)せていただきます

「～(さ)せていただく」는 동사의 사역형 「(さ)せる」에 「～てもらう」의 겸양표현인 「～ていただく」를 접속한 것으로, '~(하)겠습니다, ~(해)드리겠습니다'라고 해석한다.

☙ 本日は休ませていただきます。 오늘은 쉬겠습니다.

☙ 観光名所を紹介させていただきます。 관광명소를 소개해 드리겠습니다.

☙ 日にちを変更させていただきます。 날짜를 변경하겠습니다.

☙ こちらで担当させていただきます。 이쪽에서 담당하겠습니다.

2. ～てあります

「타동사 + てあります」는 조사 「が」를 취하여 어떤 행위의 결과 상태를 표현하며, '아/어/여 있습니다'라고 해석된다. 조사 「を」를 취할 때는 '사전에 무엇인가를 의도적으로 준비해 두었다'라는 표현이 된다.

☙ お名前が書いてあります。 성함이 적혀 있습니다.

☙ テーブルの上にワインが置いてあります。 테이블 위에 와인이 놓여 있습니다.

☙ 冷蔵庫の中にお飲み物が入れてあります。 냉장고 안에 음료가 들어 있습니다.

☙ もうホテルの予約をしてあります。 이미 호텔 예약을 해 두었습니다.

단어 및 표현

本日 오늘 | 観光名所 관광명소 | 日にち 날짜 | 変更する 변경하다 | 冷蔵庫 냉장고

3. ご了承ください

「ご了承ください」는「了承する」의 의뢰표현으로, 상대방에게 양해를 구할 때 쓰이는 표현이며, '양해해 주시기 바랍니다'라고 해석한다.

🍂 お荷物のお預かりは9時までとなっておりますので、ご了承ください。
짐 보관은 9시까지로 되어 있으니, 양해해 주시기 바랍니다.

🍂 ノートパソコンの貸し出しはいたしかねますので、ご了承ください。
노트북 대여는 해드릴 수 없으니, 양해해 주시기 바랍니다.

🍂 ランチタイムは12時から3時までとなっておりますので、ご了承ください。
런치 타임은 12시부터 3시까지로 되어 있으니, 양해해 주시기 바랍니다.

🍂 当店の営業時間は10時までとなっておりますので、ご了承ください。
저희 가게의 영업시간은 10시까지로 되어 있으니, 양해해 주시기 바랍니다.

단어 및 표현

預かり 보관 | ノートパソコン 노트북 | 貸し出し 대여 | ～かねる ~하기 어렵다, ~할 수 없다 | ランチタイム 런치 타임 |
当店 저희 가게, 이 가게 | 営業時間 영업시간

문형 연습

1. 보기와 같이 연습해 봅시다.

> **보기**
>
> 昼食を用意する
>
> ⇒ 昼食を用意させていただきます。

1 お荷物を空港まで送る ⇒

2 メールで回答する ⇒

3 ご予約を確認する ⇒

4 送迎サービスをする ⇒

2. 보기와 같이 연습해 봅시다.

> **보기**
>
> エアコンをつける ⇒ エアコンがつけてあります。

1 ロビーに自動販売機を設置する ⇒

2 ミニバーにおつまみを置く ⇒

3 ドアに非常口の位置を書く ⇒

4 冷蔵庫にお水を入れる ⇒

단어 및 표현

昼食 점심 식사 | **回答する** 회답하다 | **送迎サービス** 송영 서비스 | **エアコン** 에어컨 | **つける** 켜다 | **自動販売機** 자동판매기 |
設置する 설치하다 | **ミニバー** 미니바 | **非常口** 비상구

3. 보기와 같이 연습해 봅시다.

朝食 / 7時から9時まで

⇒ 朝食は7時から9時までとなっておりますので、ご了承ください。

1 ご宿泊 / 先払い

⇒

2 月曜日 / 定休日

⇒

3 館内での撮影 / 禁止

⇒

4 チェックアウト / 10時まで

⇒

단어 및 표현

定休日 정기휴일 | 館内 관내 | 撮影 촬영 | 禁止 금지 | チェックアウト 체크아웃

회화 연습

1. 보기와 같이 제시어를 활용하여 예문을 바꿔 말해 봅시다.　🎧 Track 5-02

ⓐ 予約の変更　　ⓑ すぐに変更する

お客　今、ⓐ予約の変更できますか。

フロント　はい、ⓑすぐに変更させていただきます。

お客　あ、ありがとうございます。

1 ⓐ サウナの利用　　　　　　ⓑ ご利用の時間を確認する

2 ⓐ コピー　　　　　　　　　ⓑ こちらでコピーする

3 ⓐ 注文　　　　　　　　　　ⓑ メニューを用意する

4 ⓐ タクシーの手配　　　　　ⓑ ただ今手配する

すぐに 바로, 즉시 | **サウナ** 사우나 | **メニュー** 메뉴 | **手配する** 수배하다, 준비하다

2. 보기와 같이 제시어를 활용하여 예문을 바꿔 말해 봅시다.   🎧 Track 5-03

보기

ⓐ 空港　ⓑ リムジン　ⓒ リムジンの時刻表

お客　あのう、ⓐ空港まで行きたいんですが。

ベルマン　はい、お客様。今の時間でしたら、ⓑリムジンの方が早いと思いますが。

お客　あー、そうですか。

ベルマン　はい。フロントにⓒリムジンの時刻表が置いてありますので、
　　　　　ご利用ください。

1 ⓐ 南大門市場　　　　ⓑ タクシー　　　　ⓒ 観光案内パンフレット

2 ⓐ ロッテワールド　　ⓑ 地下鉄　　　　　ⓒ 地下鉄の路線図

3 ⓐ 景福宮　　　　　　ⓑ バス　　　　　　ⓒ ソウル市内の案内図

4 ⓐ ソウル免税店　　　ⓑ 徒歩　　　　　　ⓒ 割引券

단어 및 표현

リムジン 리무진 | **時刻表** 시간표 | **ベルマン** 벨맨 | **南大門市場** 남대문시장 | **観光案内パンフレット** 관광 안내 팸플릿 |
ロッテワールド 롯데월드 | **路線図** 노선도 | **景福宮** 경복궁 | **案内図** 안내도 | **ソウル免税店** 서울면세점 | **徒歩** 도보 | **割引券** 할인권

일본 문화

일본의 주거 문화

일본의 주택은 고온다습한 여름에도 통풍과 습도 조절이 잘 되도록 목조로 지어진 건물이 많고, 지진이나 태풍이 잦기 때문에 일반적으로 건물을 높게 짓지 않는다는 특징이 있다. 또한 눈이 많이 내리는 지역에서는 지붕에 눈이 쌓여 붕괴되는 것을 막기 위해 지붕 경사를 매우 가파르게 짓는데, 지붕 모양이 합장할 때의 손 모양과 비슷하다 하여 '갓쇼즈쿠리(合掌造り) 양식'이라고 한다. 현대 일본의 주거 형태는 아파트(アパート), 맨션(マンション), 단독주택(一戸建て) 등이 있다. 그중 아파트는 목조나 경량 철골로 지어져 있는 층수가 낮은 공동주택을 말한다. 맨션은 철근 콘크리트로 지어진 고층의 집합주택으로, 한국의 아파트와 비슷한 구조이다. 또한 단독주택은 독립된 주택으로, 보통은 단층이나 2층이 많으며, 건물을 높게 짓지 않는다.

▲ 일본 단독주택

▲ 갓쇼즈쿠리

다다미(畳)

일본의 전통 가옥에는 '와시쓰(和室)'라는 일본식 방이 있고, 바닥에는 다다미가 깔려 있다. 다다미는 속에 짚을 넣고 돗자리를 씌운 깔개로, 여름철 습기나 겨울철 냉기 조절에 효과적이다. 다다미 한 장, 즉 1조(畳)의 넓이는 대략 90cm×180cm로 규격화되어 있으며, 다다미 두 장이면 1평(坪) 넓이가 된다. 일본의 방 크기는 요조한(四畳半, 다다미 4장 반)이나 로쿠조(六畳, 다다미 6장)가 일반적이다.

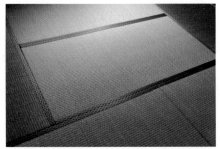

▲ 다다미

후스마(襖)와 쇼지(障子)

후스마는 나무틀의 양면에 두꺼운 종이를 바른 문을 가리키는데, 용도에 따라 방을 분리하거나 합치는 기능을 한다. 쇼지는 격자무늬의 나무틀에 '와시(和紙, 일본 종이)'를 바른 미닫이문을 말하며, 외부와 내부를 구분하는 기능을 하는데, 채광을 조절하고 직사광선을 막는 역할을 한다.

후스마

쇼지

오시이레(押入れ)

오시이레는 방 한쪽에 이불이나 옷가지, 도구 등을 수납하기 위해 만든 붙박이장을 말한다. 오시이레의 문은 미닫이 형태의 종이 문으로, 내부는 상하 두 칸으로 나누어져 있다.

▲ 오시이레

🎧 Track 6-01 　荷物を運んでもらえますか。

お客　　もしもし。

フロント　おはようございます。フロントでございます。

お客　　あのう、1602号室の石原です。今からチェックアウトをしようと思っているんですが、荷物を運んでもらえますか。

フロント　はい、お客様。バゲージダウンサービスでしたら、ベルデスクにて承っております。ただ今、担当の者を行かせますので、お部屋で少々お待ちください。

〈フロントにて〉

フロント　おはようございます。

お客　　チェックアウトをお願いします。

フロント　はい、1602号室の石原様でいらっしゃいますね。

お客　　ええ、そうです。

フロント　石原様、ごゆっくりおくつろぎいただけましたでしょうか。

お客　　はい、お部屋から漢江が見えて、とてもよかったです。

단어 및 표현

運ぶ 옮기다 | **~号室** ~호실 | **バゲージダウンサービス** 배기지 다운 서비스, 짐 운반 서비스 | **担当の者** 담당자 | **漢江** 한강

フロント それは<ruby>何<rt>なに</rt></ruby>よりでございます。

それからミニバーのご<ruby>使用<rt>しよう</rt></ruby>はございませんでしょうか。

お<ruby>客<rt>きゃく</rt></ruby> ええ、ありません。

フロント それでは、<ruby>精算<rt>せいさん</rt></ruby>が<ruby>終<rt>おわ</rt></ruby>り<ruby>次第<rt>しだい</rt></ruby>、お<ruby>呼<rt>よ</rt></ruby>びいたしますので、<ruby>少々<rt>しょうしょう</rt></ruby>お<ruby>待<rt>ま</rt></ruby>ちください。

···

フロント お<ruby>待<rt>ま</rt></ruby>たせいたしました。こちらが<ruby>領収書<rt>りょうしゅうしょ</rt></ruby>でございます。この<ruby>度<rt>たび</rt></ruby>は<ruby>私<rt>わたくし</rt></ruby>どものホテルをご<ruby>利用<rt>りよう</rt></ruby>いただき、<ruby>誠<rt>まこと</rt></ruby>にありがとうございました。またのご<ruby>利用<rt>りよう</rt></ruby>をお<ruby>待<rt>ま</rt></ruby>ちしております。

단어 및 표현

<ruby>何<rt>なに</rt></ruby>より 무엇보다 좋음 | <ruby>精算<rt>せいさん</rt></ruby> 정산 | 〜<ruby>次第<rt>しだい</rt></ruby> 〜하는 대로 | <ruby>領収書<rt>りょうしゅうしょ</rt></ruby> 영수증 | <ruby>度<rt>たび</rt></ruby> 때, 번 | <ruby>私<rt>わたくし</rt></ruby>ども 저희

문형 포인트

1. ～てもらえますか / ～てもらえませんか

「～てもらえますか/～てもらえませんか」는 상대방에게 무엇인가를 의뢰할 때 사용하는 표현으로, '~(해) 주겠습니까?/~(해) 주지 않겠습니까?'라고 해석한다.

🌿 両替してもらえますか。환전해 주겠습니까?

🌿 禁煙室にしてもらえますか。금연실로 해 주겠습니까?

🌿 ダブルルームに替えてもらえませんか。더블룸으로 바꿔 주지 않겠습니까?

🌿 ソウル駅までの行き方を教えてもらえませんか。서울역까지 가는 길을 가르쳐 주지 않겠습니까?

2. ～でしたら、～にて 承っております

「～でしたら、～にて 承っております」는 '~라면 ~에서 담당하고 있습니다'라고 해석한다.

🌿 その件でしたら、メールにて承っております。그 건이라면, 메일로 받고 있습니다.

🌿 EMSでしたら、フロントにて承っております。EMS라면, 프런트에서 담당하고 있습니다.

🌿 タクシーの手配でしたら、フロントにて承っております。
택시 수배라면, 프런트에서 담당하고 있습니다.

🌿 アイロンの貸し出しでしたら、ハウスキーピングにて承っております。
다리미 대여라면, 하우스 키핑에서 담당하고 있습니다.

단어 및 표현

両替する 환전하다 | **ダブルルーム** 더블룸 | **替える** 바꾸다, 교환하다 | **ソウル駅** 서울역 | **行き方** 가는 법 | **件** 건, 사항 |

EMS 국제 빠른우편 | **タクシー** 택시 | **アイロン** 다리미 | **貸し出し** 대여 | **ハウスキーピング** 하우스 키핑, (호텔의) 시설관리과

3. ～次第、お(ご)～いたします

「동사 ます형＋次第」는 '~되는 대로, ~하는 대로'라는 의미로, 「お(ご) ＋ ます형/동작성명사 ＋ いたします」와 접속하면 '~하는 대로, ~(해)드리겠습니다'라는 표현이 된다.

⚘ 食事の準備ができ次第、お電話いたします。 식사 준비가 되는 대로, 전화드리겠습니다.

⚘ 精算が終わり次第、お知らせいたします。 정산이 끝나는 대로, 알려 드리겠습니다.

⚘ お部屋が空き次第、ご案内いたします。 방이 비는 대로, 안내해 드리겠습니다.

⚘ お財布が見つかり次第、ご連絡いたします。 지갑이 발견되는 대로, 연락드리겠습니다.

단어 및 표현

準備 준비 | 空く 비다 | 案内する 안내하다 | 財布 지갑 | 連絡する 연락하다

문형 연습

1. 보기와 같이 연습해 봅시다.

> **보기**
>
> アダプターを貸す ⇒ アダプターを貸してもらえますか。

1 伝言を伝える ⇒

2 荷物を預かる ⇒

3 領収書を発行する ⇒

4 荷物を運ぶ ⇒

2. 보기와 같이 연습해 봅시다.

> **보기**
>
> 宅配 / フロント ⇒ 宅配でしたら、フロントにて承っております。

1 両替 / フロント ⇒

2 ファックス / ビジネスセンター ⇒

3 荷物のお預け / ベルデスク ⇒

4 バイキングのご予約 / スカイラウンジ ⇒

단어 및 표현

アダプター 어댑터 | **貸す** 빌려 주다 | **伝言** 전언 | **伝える** 전하다 | **預かる** 맡다, 보관하다 | **発行する** 발행하다 | **ファックス** 팩스 | **ビジネスセンター** 비즈니스 센터 | **ベルデスク** 벨 데스크 | **バイキング** 「バイキング料理」의 준말, 뷔페식 요리 | **スカイラウンジ** 스카이라운지

3. 보기와 같이 연습해 봅시다.

原因が分かる / 知らせる

⇒ 原因が分かり次第、お知らせいたします。

1 宅配が届く / 伝える ⇒

2 清掃が終わる / 連絡する ⇒

3 お忘れ物が見つかる / 電話する ⇒

4 クリーニングが出来上がる / 届ける ⇒

단어 및 표현

原因 원인 | 宅配 택배 | 届く 닿다, 도착하다 | 清掃 청소 | 見つかる 발견되다 | クリーニング 드라이클리닝 | 出来上がる 다 되다, 완성되다 | 届ける 보내다, 전하다

회화 연습

1. 보기와 같이 제시어를 활용하여 예문을 바꿔 말해 봅시다.　　🎧 Track 6-02

보기

ⓐ 夕食の予約　ⓑ ラストオーダーは何時まで　ⓒ 午後10時まで

お客　あのう、ⓐ夕食の予約はどこでできますか。

フロント　ⓐ夕食の予約でしたら、こちらにて 承 っております。

お客　ⓑラストオーダーは何時までですか。

フロント　ⓒ午後10時まででございます。

1 ⓐ 浴衣の貸し出し　ⓑ 大浴場は何時まで　ⓒ 午後11時まで

2 ⓐ 予約のキャンセル　ⓑ キャンセル料はいくら　ⓒ 宿泊の前日までは無料

3 ⓐ 送迎の予約　ⓑ 1日何回の運行　ⓒ 1日5回の運行

4 ⓐ 宅配サービス　ⓑ 受付は何時まで　ⓒ 午後6時まで

단어 및 표현

ラストオーダー 마지막 주문 | 浴衣 유카타 | 大浴場 온천탕, 대욕장 | キャンセル料 취소 비용 | 前日 전날 | 運行 운행

2. 보기와 같이 제시어를 활용하여 예문을 바꿔 말해 봅시다. 🎧 Track 6-03

보기

ⓐ チェックアウトする　ⓑ 精算が済む　ⓒ 呼ぶ

お客　あのう、ⓐチェックアウトしてもらえますか。

フロント　はい、かしこまりました。ⓑ精算が済み次第、ⓒお呼びいたします

ので、少々お待ちください。

お客　はい、お願いします。

フロント　お客様、お待たせいたしました。

1 ⓐ ノートパソコンを貸す　　　ⓑ ご用意できる　　　　　　　ⓒ 持つ

2 ⓐ お部屋を変更する　　　　　ⓑ 客室の清掃が終わる　　　　ⓒ 連絡する

3 ⓐ リムジンバスを予約する　　ⓑ リムジンバスの時刻が確認できる　ⓒ 予約する

4 ⓐ タクシーを呼ぶ　　　　　　ⓑ タクシーが着く　　　　　　ⓒ 呼ぶ

단어 및 표현

リムジンバス 리무진 버스 ┃ 着く 도착하다

일본 문화

일본의 음식 문화

스시(寿司)

　스시는 일본의 대표적인 음식으로, '식초(す)'와 '밥(めし)'이 합쳐진 말인 「すめし」에서 「め」가 생략되면서 생겨난 단어이다. 스시의 종류는 매우 다양하지만, 그 원형은 생선을 자연 발효시킨 나레즈시(熟鮨)에서 유래되었다. 현재 우리가 알고 있는 스시는 초밥에 생선이나 어패류를 얹은 니기리즈시(握り寿司)를 말하며, 도쿄의 옛 지명인 에도(江戸)에서 고안된 음식으로, 일명 에도마에즈시(江戸前寿司)라고도 한다. 그 밖에도 유부초밥인 이나리즈시(稲荷寿司), 덮밥 형태인 지라시즈시(ちらし寿司), 김밥 형태인 마키즈시(巻き寿司) 등이 있다.

▲ 니기리즈시

▲ 지라시즈시

▲ 마키즈시

우나돈(鰻丼)과 우나주(鰻重)

　장어(うなぎ)는 예로부터 일본인이 가장 즐겨먹는 여름 보양식으로 알려져 있다. 대표적인 장어 요리인 우나돈은 깊은 사발(丼鉢)에 밥을 담고 그 위에 양념구이를 한 장어(鰻の蒲焼)를 얹은 덮밥을 말하는데, 이 장어덮밥이 돈부리(どんぶり)의 시초이다. 우나주는 찬합(重箱)에 밥을 담고, 그 위에 양념구이를 한 장어구이를 얹은 요리를 말한다.

▲ 우나돈

◀ 우나주

라멘(ラーメン)

　라멘은 우동(うどん), 소바(そば)와 함께 일본의 대표적인 면 요리이다. 제2차 세계대전이 끝난 직후, 항구를 중심으로 조성된 중국인 거리에서 시작되었으며, 다른 중화요리에 비해 조리법이 간단하고 가격도 저렴하여 인기를 끌었다. 국물 맛에 따라 'ㅇㅇ라멘'이라고 하는데, 예를 들면, 된장으로 맛을 내면 '미소 라멘(味噌ラーメン)', 간장으로 맛을 내면 '쇼유 라멘(醬油ラーメン)', 소금으로 맛을 내면 '시오 라멘(塩ラーメン)', 돼지 뼈로 맛을 내면 '돈코쓰 라멘(豚骨ラーメン)'이라고 한다.

▲ 미소 라멘　　　　　　　▲ 돈코쓰 라멘

에키벤(駅弁)

　에키벤은 '에키우리벤토(駅売り弁当)'의 줄임말로, '역에서 파는 도시락'을 말한다. 일본은 철도망이 매우 발달되어 있어서, 국내 각지를 여행하는 사람들이 많다. 각 고장의 특산물로 다양하게 조리된 에키벤은 철도 여행객들에게 열차 여행의 또 다른 재미를 선사한다. 1993년부터는 매년 4월 10일을 '에키벤의 날(駅弁の日)'로 정하여, 에키벤에 대한 지속적인 관심을 통한 지역 발전을 도모하고 있다.

▲ 에키벤

가이세키 요리(会席料理)

가이세키 요리는 료칸(旅館)의 저녁상에서 흔히 볼 수 있는 일본식 코스 요리로, 에도시대 연회장에서 술과 함께 제공되던 요리에서 유래되었다. 전채 요리를 시작으로 다양한 요리가 작은 그릇에 조금씩 순차적으로 담겨 나오며, 각 음식은 각기 다른 재료와 요리법으로 맛이 중복되지 않도록 구성되어 있다는 점이 특징이다.

또한, 시각적인 즐거움과 공간의 미를 고려하여, 각 음식에 맞는 모양과 재질의 식기에 멋스럽게 담아낸 일본의 정식 요리이다.

▲ 가이세키요리

오세치 요리(お節料理)

오세치 요리는 정월에 먹는 일본의 대표적인 명절 요리로, 음식마다 새해의 소망이 담겨 있다. 다산(多産)을 의미하는 청어알(数の子), 장수를 염원하는 새우, 건강하고 성실하길 기원하는 검정콩(黒豆) 등 길한 의미를 지닌 음식들을 찬합에 담아낸다. 오세치 요리는 정월 초부터 3일간 이어지는 설 연휴를 위해 장만하는 요리로, 주로 국물이 없고 보존성이 높은 음식들로 구성되며, 설 연휴 동안에 가족이나 친지, 손님들과 함께 나누어 먹을 수 있도록 넉넉하게 준비한다.

◀ 오세치 요리

쓰케모노(漬物)

쓰케모노는 「漬ける(담그다, 절이다)」와 「物(것)」가 합쳐진 단어로, '담근 것, 절인 것'이라는 의미에서 생겨난 이름이다. 쓰케모노는 무, 배추, 오이 등의 다양한 채소를 소금, 쌀겨, 된장, 간장, 술지게미 등에 절여서 보존성을 높인 저장 음식으로, 시간이 지나면서 발효되어 유산균이 증식하고, 보존성과 맛의 풍미가 좋아진다. 각 지역의 기후나 전통에 따라 절임 방식이 다른데, 대표적인 쓰케모노로는 우메보시(梅干し)와 단무지(たくあん) 등을 들 수 있다. 또한 나라즈케(奈良漬)와 같이 지방의 이름을 딴 쓰케모노도 있다.

▲쓰케모노

낫토(納豆)

낫토는 삶은 콩을 발효시켜 만든 일본의 전통 발효 식품이다. 낫토는 특유의 미끈거리는 진액을 가지고 있는데, 이를 잘 저어서 점성을 강하게 하면 발효균이 살아나고, 맛도 부드러워진다. 간장이나 겨자를 섞어서 맛을 내는데, 기호에 따라 달걀노른자, 파 등을 섞어 먹기도 한다. 요즘에는 낫토 샐러드, 낫토 스파게티, 낫토 카레라이스 등 낫토를 이용한 퓨전 요리들도 나오고 있다.

▲낫토 카레라이스

▲낫토

호텔 서비스 필수단어

□ ホテル 호텔

□ ビジネスホテル 비즈니스 호텔

□ ユースホステル 유스호스텔

□ 旅館 여관

□ 民宿 민박

□ 総支配人 총지배인

□ コンシェルジュ 컨시어지, (호텔의) 접객 책임자

□ ハウスキーパー
　　　　　　하우스키퍼, (객실의) 청소 및 정비 책임자

□ ベルマン 벨맨

□ チェックイン 체크인

□ チェックアウト 체크아웃

□ フロントデスク 프런트 데스크

□ ベルデスク 벨 데스크

□ 客室 객실

□ ～号室 ~호실

□ シングルルーム 싱글룸

□ ダブルルーム 더블룸

□ ツインルーム 트윈룸

□ スイートルーム 스위트룸

□ 子供用ベット 어린이용 침대

□ 朝食券 조식권

□ 朝食付き 조식 포함

□ バウチャー 바우처, 예약 확인서

□ ロビー 로비

□ レセプション 리셉션

□ フィットネスクラブ 피트니스 클럽

□ ビジネスセンター 비즈니스 센터

□ スカイラウンジ 스카이라운지

□ セーフティーボックス 귀중품 보관함

□ 小包 소포

□ お支払い 지불, 계산

□ ホテルバス 호텔 버스

□ リムジンバス 리무진 버스

□ 精算 정산

□ チップ 팁

□ ～名様 ~분

□ ～泊 ~박

□ キー(鍵) 열쇠

□ カミソリ 면도기

□ ドライヤー 드라이기

□ シャンプー 샴푸

□ リンス 린스

□ 石鹸 비누

□ 歯磨き 치약

□ 歯ブラシ 칫솔

□ タオル 타월, 수건

□ バスタオル 목욕 수건

□ 枕 베개

□ 布団 이불

□ お荷物のお預かりサービス 짐 보관 서비스

□ バゲージダウンサービス
배기지 다운 서비스, 짐 운반 서비스

□ アメニティーグッズ 무료 서비스 용품

□ プール 수영장

□ 内線 내선

□ 客室予約係 객실 예약 담당

□ 禁煙室 금연실

□ 喫煙室 흡연실

□ 客室番号 객실 번호

□ 空室 빈 방

□ 満室 만실

□ モーニングコール 모닝콜

□ 預り証 보관증

□ 宿泊 숙박

□ クリーニングサービス 세탁 서비스

□ ルームサービス 룸 서비스

□ 来館 시설에 옴

□ 客室利用案内書 객실 이용 안내서

□ お部屋 방

□ エアコン 에어컨

□ ミニバー 미니 바

□ 電気ポット 전기포트

□ 予約変更 예약 변경

□ キャンセル料 최소 비용

□ 送迎サービス 송영 서비스

□ 新館 신관

□ 駐車場 주차장

□ レストラン 레스토랑

PART 3

免税サービス

면세 서비스

第7課 **食品コーナー** 식품 코너

🎧 Track 7-01

どうぞ召し上がってみてください。

店員 いらっしゃいませ。

お客 あのう、韓国のお土産なら、どんな物がいいですか。

店員 韓国の海苔はいかがでしょうか。海苔は軽くてお荷物になりませんので、

お土産としてとても人気がございます。どうぞ召し上がってみてください。

お客 わあ、おいしいですね。

店員 海苔はご飯と一緒に召し上がるのもいいですが、おつまみとしてもお勧めです。

お客 あ、そうなんですか。これはいくらですか。

店員 10ドルでございます。

お客 じゃ、これにします。他に何かお勧めはありますか。

店員 キムチはいかがでしょうか。

お客 そうですね。キムチも買いたいんですが、臭いが心配で…。

店員 真空パックになっておりますので、ご心配なさらないでください。

お客 あ、そうですか、よかった。じゃ、キムチも1個ください。

全部でいくらですか。

店員 10ドルの海苔が一つ、12ドルのキムチが一つで、合計22ドルです。

お会計はこちらでございます。こちらへどうぞ。

단어 및 표현

食品コーナー 식품 코너 | **召し上がる** 「食べる、飲む」の尊敬語 드시다 | **お土産** (여행지의) 선물 | **海苔** 김 | **人気** 인기 | **お勧め** 추천, 권유 | **ドル** 달러 | **キムチ** 김치 | **臭い** 냄새 | **心配だ** 걱정스럽다 | **真空パック** 진공 포장 | **~個** ~개 | **合計** 합계 | **会計** 계산

お客 はい。

店員 ショッピングカードを拝見してもよろしいでしょうか。

お客 ショッピングカードって、これですか。

店員 はい、そうです。お支払いはいかがなさいますか。

お客 クレジットカード、使えますか。

店員 はい、大丈夫です。

お客 じゃ、このカードでお願いします。

店員 カードをお預かりいたします。こちらにサインをお願いいたします。

お客 はい、ここですね。

店員 はい。カードをお返しいたします。お買い上げ、ありがとうございました。
　　　 またお越しください。

단어 및 표현

ショッピングカード 쇼핑카드(단체손님인 경우에만 안내 데스크에서 발급) | 預かる 맡다, 보관하다 | 返す 되돌리다 | 買い上げる 사다, 구매하다

문형 포인트

1. ～てみてください

「～てみてください」는 '~해 보다'라는 의미의 「～てみる」에 「～てください」를 연결한 형태로, '~(해)보세요'라고 해석한다. 또한 존경 표현에 접속되어 보다 정중한 표현을 나타내기도 하며, 이때는 '~(해)보십시오'라고 해석한다.

🌿 一度体験してみてください。한번 체험해 보세요.

🌿 ぜひ利用してみてください。꼭 이용해 보세요.

🌿 お顔につけてみてください。얼굴에 발라 보세요.

🌿 味見してみてください。맛을 보세요.

2. ～なさらないでください

「～なさらないでください」는 「する」의 존경어 「なさる」에 「～ないでください」가 연결된 형태로, 상대방에게 무언가를 하지 말아 달라고 부탁할 때 쓰는 표현이며, '~하지 말아 주십시오'라고 해석한다. 또한 존경의 접두어 「お(ご)」와 접속되어 보다 정중한 표현을 나타내기도 한다.

🌿 お気遣いなさらないでください。염려하지 말아 주십시오.

🌿 大丈夫ですから、ご心配なさらないでください。괜찮으니까, 걱정하지 말아 주십시오.

🌿 食べ物の持ち込みはなさらないでください。음식물 반입은 하지 말아 주십시오.

단어 및 표현

体験する 체험하다 | **味見する** 맛을 보다 | **気遣う** 염려하다, 걱정하다 | **持ち込み** 반입

🐾店内での喫煙はなさらないでください。 가게 안에서의 흡연은 하지 말아 주십시오.

3. ～てもよろしいでしょうか

「～てもよろしいでしょうか」는 상대방에게 허락이나 양해를 구할 때 쓰는 표현으로, '~(해)도 되겠습니까?'라는 의미이다.

🐾写真を撮ってもよろしいでしょうか。 사진을 찍어도 되겠습니까?

🐾パスポートを拝見してもよろしいでしょうか。 여권을 봐도 되겠습니까?

🐾お名前を伺ってもよろしいでしょうか。 성함을 여쭤 봐도 되겠습니까?

🐾このパンフレット、いただいてもよろしいでしょうか。 이 팸플릿, 가져도 되겠습니까?

Tip 허가나 양해를 구할 때 쓰는 표현으로는 상대방에 따라 다음과 같은 형태가 사용된다.
아래로 갈수록 정중한 정도가 높아진다.

～してもいい?

～してもいいですか。

～してもいいでしょうか。

～してもよろしいですか。

～してもよろしいでしょうか。

～させていただいてもよろしいですか。

단어 및 표현

店内 가게 안 | パンフレット 팸플릿 | 伺う 「問う(묻다), 訪ねる(방문하다)」의 겸양어

문형 연습

1. 보기와 같이 연습해 봅시다.

> **보기**
>
> 召し上がる ⇒ 召し上がってみてください。

1 お試しになる ⇒

2 お使いになる ⇒

3 ご覧になる ⇒

4 ご利用になる ⇒

2. 보기와 같이 연습해 봅시다.

> **보기**
>
> 心配する ⇒ ご心配なさらないでください。

1 気にする ⇒

2 使用する ⇒

3 無理する ⇒

4 遠慮する ⇒

단어 및 표현

試す 시험하다, 실제로 해 보다 | 気にする 신경 쓰다 | 無理する 무리하다

3. 보기와 같이 연습해 봅시다.

보기

お聞きする ⇒ お聞きしてもよろしいでしょうか。

1 お下げする ⇒

2 お邪魔する ⇒

3 お預かりする ⇒

4 お願いする ⇒

단어 및 표현

下げる 치우다, 내리다 | **お邪魔する** 방문하다, 방해하다, 찾아뵙다

회화 연습

1. 보기와 같이 제시어를 활용하여 예문을 바꿔 말해 봅시다.　　🎧 Track 7-02

ⓐ 試_{ため}す　ⓑ 香水_{こうすい}

> 店員_{てんいん}　よろしければ、こちらもⓐ試_{ため}してみてください。
>
> お客_{きゃく}　こちらのⓑ香水_{こうすい}の方_{ほう}がいいですね。じゃ、これにします。
>
> 店員_{てんいん}　ありがとうございます。お会計_{かいけい}はこちらでございます。こちらへどうぞ。

1 ⓐ つける　　　　　　ⓑ 時計_{とけい}

2 ⓐ 使_{つか}う　　　　　　ⓑ ペン

3 ⓐ 試着_{しちゃく}する　　　　ⓑ ジャケット

4 ⓐ 掛_かける　　　　　　ⓑ サングラス

단어 및 표현

香水_{こうすい} 향수 | **つける** (시계를)차다 | **試着_{しちゃく}する** 입어 보다 | **ジャケット** 재킷 | **掛_かける** (안경을)쓰다 | **サングラス** 선글라스

2. 보기와 같이 제시어를 활용하여 예문을 바꿔 말해 봅시다.　　🎧 Track 7-03

단어 및 표현

보기

ⓐ プレゼントのご予算　ⓑ 2万円くらい

店員　恐れ入りますが、ⓐプレゼントのご予算を伺ってもよろしいでしょうか。

お客　ⓑ2万円ぐらいです。

店員　かしこまりました。では、こちらはいかがでしょうか。

1　ⓐ 相手方のお年　　　　　ⓑ 30代

2　ⓐ 相手方の性別　　　　　ⓑ 女性

3　ⓐ 相手方の肌の明るさ　　ⓑ 白い方

4　ⓐ 相手方の体格　　　　　ⓑ 小柄

단어 및 표현

相手方 상대방(여기에서는 선물 받으실 분) | **性別** 성별 | **肌の明るさ** 피부 톤 | **体格** 체격 | **小柄だ** 몸집이 작다

일본문화

일본의 연중행사(年中行事) 1

오쇼가쓰(お正月)

우리나라의 설날과 마찬가지로 일본에서도 가장 큰 명절은 오쇼가쓰이다. 그중에서도 1월 1일부터 3일까지를 '산가니치(三が日)'라고 하는데, 이 기간에는 12월 말부터 미리 만들어 둔 오세치요리(お節料理)를 먹는다. 특히 새해 첫날 아침에는 찹쌀로 만든 떡을 넣어 끓인 오조니(お雑煮)도 함께 먹는다. 집 앞에는 무병장수를 기원하며 소나무나 대나무로 만든 가도마쓰(門松)를 장식하고, 신을 모신 제단인 가미다나(神棚)에는 신에게 바치는 떡인 가가미모치(鏡餅)를 놓아 둔다. 대다수의 일본인들은 정초에 새해의 건강과 행운을 기원하기 위해 절이나 신사에 가서 참배를 하는데, 이를 하쓰모데(初詣)라고 하며, 오미쿠지(おみくじ)라는 제비를 뽑아서 자신의 새해 운세를 점쳐 보기도 한다.

오조니 ▶

▲ 가도마쓰

▲ 가가미모치

▲ 오미쿠지

성인의 날(成人の日)

일본의 성인의 날은 매년 1월 둘째 주 월요일이다. 각 시정촌(市町村)에서는 만 20세가 된 사람들을 초청하여, 성인이 된 것을 축하하는 행사를 거행한다. 이 행사는 패전으로 실의에 빠진 젊은이들의 사기를 북돋우기 위한 취지로 1948년부터 시작된 것이다. 이 날은 기모노나 정장을 입는데, 특히 성인이 된 여성들은 기모노 중에서도 가장 화려한 후리소데(振り袖)를 입고 기념사진을 찍어 앨범으로 만들어 보관한다.

▲ 성인의 날 행사

세쓰분(節分)

세쓰분은 계절이 바뀌는 입춘·입하·입추·입동 전날을 말한다. 특히, 입춘 전날인 2월 3일 전후에는 각 가정과 신사, 절에서 '악귀는 밖으로, 복은 안으로(鬼は外、福は内)'라고 외치며 볶은 콩을 뿌려 잡귀를 쫓는 풍습이 있다. 이를 '마메마키(豆まき)'라고 하는데, 볶은 콩을 나이 수만큼 먹어서 액운을 막고 복을 기원한다. 요즘에는 입춘 전후에 에호마키(恵方巻き)라는 커다란 김밥을 먹는데, 복이 들어오는 방향을 보면서 잘라서 먹지 않고 통째로 먹는 풍습이 있다.

▲ 신사에서의 마메마키

▲ 에호마키

🎧 Track 8-01

お買い上げいただき、
ありがとうございました。

店員　いらっしゃいませ。何かお探しでしょうか。

お客　はい、あちらの黒いバッグを見せてもらえますか。

店員　かしこまりました。今すぐ、お取りいたします。

　　　こちらのビジネスバッグですね。

お客　はい、そうです。

店員　どうぞ、よろしければ、お手に取ってご覧ください。

お客　このバッグの素材は何ですか。

店員　牛革でございます。牛革は丈夫ですし、使えば使うほどきれいな艶が出ます。

お客　なかなかいいですね。

店員　今、若者にとても人気のある商品でございます。

お客　そうですか。じゃあ、これにします。いくらですか。

店員　320ドルでございます。お支払いはいかがなさいますか。

お客　日本円でお願いします。

　　　それからこの割引クーポン、ここで使えるって聞いたんですが。

店員　はい、こちらでお使いいただけます。

　　　クーポンをお使いになりますと、32,800円になります。

단어 및 표현
....

バッグコーナー 가방 코너 | **今すぐ** 지금 바로 | **ビジネスバッグ** 비즈니스 가방 | **手に取る** 손에 들다 | **素材** 소재 | **牛革** 소
가죽 | **丈夫だ** 견고하다, 튼튼하다 | **艶** 광택 | **若者** 젊은이 | **商品** 상품 | **日本円** 일본 엔 | **割引クーポン** 할인 쿠폰

お客 じゃ、これでお願いします。

店員 ありがとうございます。40,000円、お預かりいたします。

　　　パスポートと航空券を拝見してもよろしいでしょうか。

お客 はい。

店員 (お客様のお名前、パスポートの番号、飛行機の便名、出国日と電話番号を入力する)

　　　お待たせいたしました。まず、パスポートと航空券をお返しいたします。それか

　　　ら、こちらがおつりでございます。

お客 はい、どうも。

店員 こちらは商品の引換券と領収書でございます。商品は仁川国際空港の30番

　　　ゲートの向かい側にある受け取りカウンターでお受け取りください。

お客 わかりました。

店員 お買い上げいただき、ありがとうございました。

　　　またのお越しをお待ちしております。

단어 및 표현

出国日 출국일 | おつり 거스름돈 | 引換券 교환권 | 向かい側 건너편 | 受け取りカウンター 인도장(=받는 장소)

문형 포인트

1. よろしければ、お(ご)〜ください

「よろしければ、お(ご)〜ください」는 형용사 「よろしい」의 가정형에 「お(ご)〜ください」
가 접속된 형태로, 상대방에게 무엇인가를 권하거나 의뢰할 때 쓰는 표현이며, '괜찮으시다면,
〜(하)십시오'라고 해석한다.

🌱 よろしければ、お持ちください。 괜찮으시다면, 가지십시오.

🌱 よろしければ、お試しください。 괜찮으시다면, 테스트해 보십시오.

🌱 よろしければ、ご利用ください。 괜찮으시다면, 이용해 주십시오.

🌱 よろしければ、ご検討ください。 괜찮으시다면, 검토해 주십시오.

> **Tip** **쿠션 표현(クッション言葉)**
>
> 상대방에게 무언가를 부탁하거나 문의할 때 또는 취소하거나 거절할 때 등
> 상황을 부드럽게 만들기 위해 사용하는 표현이다.
>
> 申し訳ございませんが　죄송합니다만
>
> 恐れ入りますが　송구스럽습니다만
>
> お手数ですが　귀찮으시겠습니다만
>
> ご迷惑をおかけしますが　폐를 끼칩니다만
>
> あいにくですが　공교롭게도
>
> 失礼ですが　실례입니다만
>
> 大変恐縮ですが　매우 죄송합니다만
>
> 差し支えなければ　별 지장이 없으시다면
>
> せっかくですが　모처럼입니다만

단어 및 표현

検討する 검토하다

2. 〜って聞いたんですが

「〜って」는 다른 사람에게 들은 것을 인용할 때 사용하는 조사로,「〜聞く」나「〜言う」와 연결하여 그 내용을 구체적으로 나타낸다.「〜って聞いたんですが」는 '〜(라)고 들었는데요'라고 해석한다.

💬 穴場って聞いたんですが。 숨은 맛집이라고 들었는데요.

💬 サイズが調節できるって聞いたんですが。 사이즈를 조절할 수 있다고 들었는데요.

💬 商品券が使えるって聞いたんですが。 상품권을 쓸 수 있다고 들었는데요.

💬 スターバックスがこの辺にあるって聞いたんですが。 스타벅스가 이 근처에 있다고 들었는데요.

3. お(ご)〜いただく

「お(ご) + ます형/동작성명사 + いただく」는 '(상대방이) 〜해 주시다'라는 의미이다.

💬 お越しいただき、誠にありがとうございました。 와 주셔서 대단히 감사합니다.

💬 お申し込みいただき、誠にありがとうございました。 신청해 주셔서 대단히 감사합니다.

💬 ご予約いただき、誠にありがとうございます。 예약해 주셔서 대단히 감사합니다.

💬 本日はソウル免税店をご利用いただき、誠にありがとうございます。
오늘은 서울면세점을 이용해 주셔서 대단히 감사합니다.

단어 및 표현

穴場 숨은 맛집, 널리 알려지지 않은 좋은 곳 | サイズ 사이즈 | 調節する 조절하다 | 商品券 상품권 | スターバックス(=スタバ) 스타벅스 | 申し込む 신청하다 | 免税店 면세점

문형 연습

1. 보기와 같이 연습해 봅시다.

> **보기**
>
> 使_{つか}う ⇒ よろしければ、お使_{つか}いください。

1 持_もち帰_{かえ}る ⇒

2 受_うけ取_とる ⇒

3 連絡_{れんらく}する ⇒

4 利用_{りよう}する ⇒

2. 보기와 같이 연습해 봅시다.

> **보기**
>
> 免税店_{めんぜいてん}で使_{つか}える ⇒ 免税店_{めんぜいてん}で使_{つか}えるって聞_きいたんですが。

1 払_{はら}い戻_{もど}しができる ⇒

2 ここで交換_{こうかん}できる ⇒

3 この商品_{しょうひん}は半額_{はんがく} ⇒

4 免税店_{めんぜいてん}は年中無休_{ねんじゅうむきゅう} ⇒

단어 및 표현

受_うけ取_とる 받다, 수취하다 | 払_{はら}い戻_{もど}し 환불 | 交換_{こうかん}する 교환하다 | 半額_{はんがく} 반액 | 年中無休_{ねんじゅうむきゅう} 연중무휴

3. 보기와 같이 연습해 봅시다.

来店する ⇒ ご来店いただき、誠にありがとうございました。

1 協力する ⇒

2 注文する ⇒

3 買い上げる ⇒

4 問い合わせる ⇒

단어 및 표현

来店する 내점하다 | 協力する 협력하다 | 注文する 주문하다 | 問い合わせる 문의하다

회화 연습

1. 보기와 같이 제시어를 활용하여 예문을 바꿔 말해 봅시다.　　🎧 Track 8-02

ⓐ 化粧品売り場　ⓑ 11階　ⓒ 突き当りを左の方に

お客　あのう、すみません。ⓐ化粧品売り場はどこですか。

店員　ⓐ化粧品売り場はⓑ11階でございます。ⓒ突き当りを左の方に行かれますと、エレベーターがございます。よろしければ、そちらのエレベーターをご利用ください。

1　ⓐ 休憩室　　　　ⓑ 12階　　ⓒ 右の方にまっすぐ

2　ⓐ 海苔売り場　　ⓑ 9階　　ⓒ ここをまっすぐ

3　ⓐ キムチ売り場　ⓑ 10階　ⓒ 突き当りを右の方に

4　ⓐ バッグ売り場　ⓑ 13階　ⓒ ここから左の方にまっすぐ

단어 및 표현

化粧品 화장품 | 売り場 매장 | 突き当り 막다른 곳, 맨 끝 | 休憩室 휴게실 | まっすぐ 곧장, 똑바로

2. 보기와 같이 제시어를 활용하여 예문을 바꿔 말해 봅시다.

 Track 8-03

보기

ⓐ ここで両替できる　ⓑ こちらでは取り扱っておりません

お客　ⓐここで両替できるって聞いたんですが。

店員　恐れ入りますが、ⓑこちらでは取り扱っておりませんので、

ご了承ください。

1 ⓐ 商品券を使える　　　　ⓑ この商品券は当店では扱っておりません

2 ⓐ このコーナーで買える　ⓑ あいにく品切れでございます

3 ⓐ 外国人は免税　　　　　ⓑ うちの店では免税となりません

4 ⓐ セール中　　　　　　　ⓑ こちらの商品はセール対象外となっております

단어 및 표현

取り扱う 취급하다, 처리하다 | 扱う 다루다 | 品切れ 품절 | セール中 세일 중 | セール対象外 세일 제외(상품)

일본 문화

일본의 연중행사(年中行事) 2

오히간(お彼岸)

오히간은 24절기 중 낮과 밤의 길이가 거의 같게 되는 시기로, 춘분(春分の日, 3월 21일경)과 추분(秋分の日, 9월 23일경) 전후 3일을 합한 각 7일간을 말한다. 히간은 생사의 바다를 건너 도달하는 저세상, 즉 깨달음의 세계를 의미하며, 이 기간에는 성묘를 간다. 이때 팥고물을 묻혀 동그랗게 빚은 찰떡을 공물(供え物)로 바친다. 이 떡을 봄에는 보타모치(ぼた餅), 가을에는 오하기(おはぎ)라고 하는데, 이는 각각 봄과 가을을 상징하는 모란(牡丹)과 싸리(萩)에 비유한 것이다.

▲ 보타모치/오하기

◀ 성묘하는 모습

히나마쓰리(雛祭り)

히나마쓰리는 여자아이의 행복과 무병장수를 기원하는 전통 행사이다. 3월 3일을 전후해서 복숭아꽃이 피기 때문에 모모노셋쿠(桃の節句)라고도 하고, 딸들의 축제라는 뜻으로 온나노셋쿠(女の節句)라고도 한다. 이날은 계단식 장식대인 히나단(雛壇)을 히나닌교(雛人形)와 떡, 술, 복숭아 등으로 장식하고, 여자아이가 예쁘고 바르게 잘 자라서 좋은 인연을 만날 수 있기를 기원한다.

▲ 히나단

단고노셋쿠(端午の節句)

어린이 날(子供の日)인 5월 5일은 단고노셋쿠라고도 하는데, 이 날은 남자아이의 건강한 성장과 출세를 기원하는 날이다. 집 안에는 남성다움과 기상을 북돋아 주기 위해 갑옷과 투구를 장식하고, 집 밖에는 입신출세를 상징하는 잉어 모양의 고이노보리(鯉のぼり)를 내건다. 그리고 창포나 억새 잎으로 싼 지마키(ちまき)라는 떡과 떡갈나무 잎으로 싼 가시와모치(柏餅)라는 떡을 먹으며 나쁜 기운을 쫓고, 남자아이가 강하고 튼튼하게 잘 자랄 수 있도록 기원한다.

▲ 고이노보리

▲ 갑옷과 투구 장식

▲ 가시와모치

🎧 Track 9-01

お客様が使われるものでしょうか。

お客　すみません。口紅を買いたいんですが。

店員　口紅はこちらにございます。お客様が使われるものでしょうか。

　　　それともプレゼント用でしょうか。

お客　プレゼントです。

店員　お使いになる方の年齢を伺ってもよろしいでしょうか。

お客　えーと、20代ですが。

店員　それでは、こちらの口紅セットはいかがですか。若い方にとても人気がござい

　　　ます。それに3本入りセットは単品より10%ほど安くなっておりますので、お買

　　　い得です。

お客　あー、そうですか。では、3本入りセットにします。

店員　ありがとうございます。ただ今、お持ちいたしますので、少々お待ちください。

· ·

店員　お待たせいたしました。お買い求めの商品はこちらでよろしいでしょうか。

お客　はい。

단어 및 표현

化粧品コーナー 화장품 코너 | **口紅** 립스틱 | **それとも** 아니면 | **プレゼント用** 선물용 | **年齢** 나이 | **3本入りセット** 세

개들이 세트 | **お買い得** 사면 득이 됨 | **買い求める** 구매하다

店員　お支払いは現金になさいますか。カードになさいますか。

お客　現金でお願いします。日本円でいくらですか。

店員　円で6,540円になります。パスポートを見せていただけますか。

お客　はい。

店員　ありがとうございます。6,540円、ちょうどいただきます。こちらがレシートで、こちらは交換券でございます。交換券の裏側に受け取りカウンターの略図がございますので、ご参照ください。

お客　わかりました。

店員　お買い上げいただき、ありがとうございました。

단어 및 표현

ちょうど 꼭, 정확히 | レシート 영수증 | 交換券 교환권 | 裏側 뒤쪽 | 略図 약도 | 参照する 참조하다

문형 포인트

1. れる・られる(존경표현)

조동사 「れる・られる」는 '~시다'라는 의미의 존경표현으로도 사용된다.

 お一人様ですか。それとも団体で来られましたか。

한 분이십니까? 아니면 단체로 오셨습니까?

金浦空港から出国されますか。それとも仁川空港ですか。

김포공항에서 출국하십니까? 아니면 인천공항입니까?

ここからまっすぐ行かれますと、突き当たりにございます。

여기에서 똑바로 가시면, 끝 쪽에 있습니다.

プレゼントを受け取られる方の年齢を伺ってもよろしいでしょうか。

선물을 받으실 분의 나이를 여쭤도 괜찮겠습니까?

Tip **일본의 '선물'**

일본에서는 '선물'에 관한 단어가 다양하게 사용되므로 용어를 정리해 두기로 한다.

お土産 : 여행이나 출장을 갔을 때, 그 지방의 특산물을 사서 주위 분들에게 나눠주는 선물을 의미한다.

贈り物 : 일본에서는 설이나 오봉(お盆)과 같은 명절에 평소에 신세를 지고 있는 분들이나 거래처에 선물을
보낸다. 7월~8월 경에 보내는 선물을 오츄겐(お中元)이라고 하고, 11~12월에 보내는 선물은
오세보(お歳暮)라고 한다.

プレゼント : 생일이나 어버이날, 어린이날, 입학, 졸업 등과 같은 기념일에 주는 선물을 말한다.

단어 및 표현

団体 단체 | 金浦空港 김포공항 | 出国する 출국하다 | プレゼント 선물

2. お(ご)〜の〜명사

「お(ご) + ます형/동작성명사 + の + 명사」는 존경표현으로, '〜하시는(이시는) + 명사'로 해석된다.

✥ バウチャーをご希望の方はメールでお申し込みください。
바우처를 희망하시는 분은 메일로 신청해 주십시오.

✥ シワでお悩みのお客様は、こちらの商品をお試しください。
주름으로 고민이신 손님께서는 이 상품을 써 보세요.

✥ VIPカードをお持ちのお客様には、10%割引をいたしております。
VIP 카드를 가지고 계신 손님께는 10% 할인해 드리고 있습니다.

✥ 大阪からお越しの田中政弘様、木村様が案内デスクの前でお待ちです。
오사카에서 오신 다나카 마사히로 님, 기무라 님께서 안내 데스크 앞에서 기다리십니다.

3. 〜ていただけますか / 〜ていただけませんか

「〜ていただく」의 가능형에서 파생된 「〜ていただけますか/〜ていただけませんか」는 '〜(해)주시겠습니까? /〜(해)주시지 않겠습니까?'로 해석되며, 상대방에 대한 정중한 의뢰표현 이다.

✥ 搭乗券を見せていただけますか。 탑승권을 보여 주시겠습니까?

✥ 飛行機の便名を教えていただけますか。 비행기 편명을 알려 주시겠습니까?

✥ ご意見を聞かせていただけませんか。 의견을 들려 주시지 않겠습니까?

✥ アンケートに協力していただけませんか。 앙케트에 협력해 주시지 않겠습니까?

단어 및 표현

バウチャー 바우처, 예약 확인서 | シワ 주름 | 悩む 고민하다 | VIPカード VIP 카드 | 割引する 할인하다 | 案内デスク 안내
데스크 | 意見 의견 | アンケート 앙케트

문형 연습

1. 보기와 같이 존경의 れる·られる로 연습해 봅시다.

> どちらまで行く ⇒ どちらまで<u>行かれますか</u>。

1 お客様が使う ⇒

2 どちらで受け取る ⇒

3 マイレージで購入する ⇒

4 他の商品に交換する ⇒

2. 보기와 같이 연습해 봅시다.

> 求める / 品 ⇒ <u>お求めの品</u>

1 好む / 色 ⇒

2 使う / 品 ⇒

3 望む / スタイル ⇒

4 利用する / 方 ⇒

マイレージ 마일리지 | **購入する** 구입하다 | **求める** 찾다, 요구하다 | **品** 물품 | **好む** 좋아하다 | **望む** 원하다 | **スタイル** 스타일

3. 보기와 같이 연습해 봅시다.

보기

パスポートを見せる ⇒ パスポートを見せていただけますか。

1 今日の為替相場を教える ⇒

2 ご住所も書く ⇒

3 お電話番号を教える ⇒

4 もう一度おっしゃる ⇒

단어 및 표현

為替相場 환율, 환시세

회화 연습

1. 보기와 같이 제시어를 활용하여 예문을 바꿔 말해 봅시다.

🎧 Track 9-02

ⓐ 高麗人参茶　ⓑ 飲まれる　ⓒ 飲む

お客　　ⓐ高麗人参茶はどんなものがいいですか。

店員　　ご自分でⓑ飲まれるものでしょうか。プレゼント用でしょうか。

お客　　自分でⓒ飲むものです。

店員　　じゃ、こちらのブランドはいかがでしょうか。

　　　　お値段も手頃で人気があります。

1 ⓐ ワイン　　　　　　ⓑ 飲まれる　　　　　ⓒ 飲む

2 ⓐ サングラス　　　　ⓑ 掛けられる　　　　ⓒ 掛ける

3 ⓐ アイクリーム　　　ⓑ つけられる　　　　ⓒ つける

4 ⓐ 化粧ポーチ　　　　ⓑ 使われる　　　　　ⓒ 使う

高麗人参茶 고려인삼차 | ブランド 브랜드 | 値段 값, 가격 | 手頃だ 적당하다, 알맞다 | アイクリーム 아이크림 | 化粧ポーチ 화장품 파우치, 세면 가방

2. 보기와 같이 제시어를 활용하여 예문을 바꿔 말해 봅시다.　🎧 Track 9-03

> **보기**
>
> ⓐ スーツケース　ⓑ ベルトを付ける　ⓒ ベルトは別料金となっております
>
> ----
>
> お客　すみません。このⓐスーツケース、ⓑベルトを付けていただけませんか。
>
> 店員　はい、かしこまりました。
> 　　　お客様、ⓒベルトは別料金となっておりますが、よろしいでしょうか。
>
> お客　はい、お願いします。
>
> 店員　お待たせいたしました。こちらでよろしいでしょうか。

1 ⓐ ネクタイ　　ⓑ 他の色を見せる　ⓒ ただ今、在庫が赤のみとなっております

2 ⓐ シャツ　　ⓑ サイズを交換する　ⓒ ただ今、Mサイズしかございません

3 ⓐ 化粧品　　ⓑ 袋に入れる　　ⓒ ただ今、大きい袋しかございません

4 ⓐ サングラス　ⓑ フィッティングする　ⓒ 20分ぐらいかかります

> **단어 및 표현**
>
> ネクタイ 넥타이 | 在庫 재고 | シャツ 셔츠 | 袋 봉투 | フィッティングする 피팅하다

일본 문화

일본의 연중행사(年中行事) 3

다나바타(七夕)

다나바타는 칠월칠석을 기념하는 일본의 전통 행사로, 은하수를 사이에 두고 동서로 나뉘었던 견우성과 직녀성이 만난다는 중국의 전설에서 유래되었다. 이 날에는 단자쿠(短冊)라는 길고 가느다란 오색 종이에 각자의 소원을 적어서 대나무에 걸어 둔다. 다나바타를 전후하여 전국 각지에서는 다나바타마쓰리(七夕祭り)가 열리는데, 그중 가장 유명하고 규모가 큰 것은 매년 8월 6일에서 8일 사이에 열리는 센다이 다나바타마쓰리(仙台七夕祭り)이다.

▲ 센다이 다나바타마쓰리

오봉(お盆)

오봉은 양력 8월 15일을 전후하여 나흘간 행해지는 일본의 전통 명절이다. 봉(盆)이란 조상의 영혼을 제사 지내는 불교 행사인 우란분재(盂蘭盆)에서 유래한 것으로, 일본인들은 이 날 조상의 영혼이 이승의 집으로 찾아온다고 믿는다. 13일 저녁 무렵이 되면, 조상이 잘 찾아올 수 있도록 마중하는 불인 무카에비(迎え火)를 피우고, 16일 무렵에는 배웅하는 불인 오쿠리비(送り火)를 피운다. 불단 앞에는 임시 제단인 본다나(盆棚)를 설치하여 국수, 과일, 떡 등을 공양한다. 전국 각지에서는 오봉마쓰리(お盆祭り)가 열리는데, 이 기간에는 봉오도리(盆踊り) 등 다채로운 행사가 열린다.

▲ 오봉마쓰리

시치고산(七五三)

　시치고산은 세 살, 다섯 살이 된 남자아이와 세 살, 일곱 살이 된 여자아이가 부모와 함께 신사에 가서 액막이(厄払い)를 하는 행사로, 매년 11월 15일에 행해진다. 옛날에는 어린아이의 사망률이 높아서 7세까지는 '신의 아이(神の子)'라는 말이 있었는데, 자신의 아이가 7세까지 무사히 잘 자란 것을 우지가미(氏神, 그 고장의 수호신)에게 감사하고 앞으로도 건강하게 잘 성장할 수 있도록 기원하는 날이다. 이 날은 어린아이에게 무병장수의 의미를 지닌 지토세아메(千歳飴)라는 가래엿을 사주기도 한다.

▲ 지토세아메

▲ 시치고산

오미소카(大晦日)

　오미소카는 한 해의 마지막 날을 일컫는 말로, 오쓰고모리(大つごもり)라고도 한다. 이 날 대부분의 일본인들은 한 해의 액운을 씻어낸다는 의미로 대청소를 하고, 밤이 되면 홍백가합전(紅白歌合戦)이라는 가요 대항전을 시청하기도 한다. 이 날은 또 메밀국수(年越しそば)를 먹으면서 긴 국수 가락처럼 가족 모두 장수하기를 기원하고, 가까운 절이나 신사에 가서 한 해의 무사함을 빈다. 절에서는 자정 무렵 108번의 제야의 종(除夜の鐘)이 울리는데, 이는 백팔번뇌를 없애고 새로운 한해를 맞이한다는 의미가 있다.

▲ 도시코시소바

▲ 제야의 종

면세 서비스 필수 단어

□ 免税店 면세점

□ 空港免税店 공항 면세점

□ 市内の免税店 시내 면세점

□ 案内デスク 안내 데스크

□ コーナー 코너

□ 売り場 매장

□ 休憩室 휴게실

□ お一人当り 일 인당

□ 年中無休 연중무휴

□ 営業時間 영업시간

□ お土産 (여행지의) 선물

□ プレゼント 선물

□ お祝い 축하 선물

□ ご自宅用 자택에서 사용할 상품

□ ご自分用 손님께서 사용하실 상품

□ お勧め 추천, 권유

□ 品切れ 품절

□ 新商品 신상품

□ 限定商品 한정 상품

□ 流行りの商品 유행하는 상품

□ イベント商品 이벤트 상품

□ サンプル 샘플

□ 見本 견본

□ 男女兼用 남녀 겸용

□ 在庫 재고

□ 定価 정가

□ 特価 특가

□ 免税価格 면세 가격

□ 着払い 착불

□ 払い戻し 환불

□ 一括払い 일시불

□ 分割払い 할부

□ 保証書 보증서

□ 保証期間 보증 기간

□ 関税 관세

□ タックスリファンド 사후 면세

□ タックスフリー 면세

□ 限度額 한도액

□ 引換券 교환권

□ 出国日 출국일

- [ ] 領収書 영수증
- [ ] 合計 합계
- [ ] 両替所 환전소
- [ ] 為替レート 환율
- [ ] スペシャルギフト 특별 사은품
- [ ] ショッピングカード 쇼핑카드
- [ ] プリペイドカード 선불카드
- [ ] メンバーシップカード 멤버십 카드
- [ ] クレジットカード 신용카드
- [ ] VISAカード 비자카드
- [ ] トラベラーズチェック 여행자수표
- [ ] 日本円 일본 엔
- [ ] ドル 달러
- [ ] ユーロ 유로
- [ ] ウォン 원
- [ ] 商品券 상품권
- [ ] 割引クーポン 할인 쿠폰
- [ ] 有効期限 유효 기한

- [ ] 賞味期限 (식품의) 유통 기한
- [ ] 受け取りカウンター(受け取り場所) 인도장
- [ ] 単品 단품
- [ ] セット 세트
- [ ] セール対象外の商品 세일 대상 외의 상품
- [ ] 値引き 에누리 함, 깎아 줌
- [ ] お買い得 사면 득이 됨
- [ ] 購入する 구입하다
- [ ] 交換する 교환하다
- [ ] 返品する 반품하다
- [ ] キャンセルする 취소하다
- [ ] 来店する 내점하다
- [ ] 注文する 주문하다
- [ ] 味見する 맛을 보다
- [ ] 試着する 입어보다
- [ ] 買い求める 구매하다
- [ ] 買い上げる 구매하다, 사들이다

PART 4

観光サービス
<ruby>観<rt>かん</rt></ruby><ruby>光<rt>こう</rt></ruby>サービス

관광 서비스

🔊 Track 10-01

<ruby>今日<rt>きょう</rt></ruby>のスケジュールについて
<ruby>ご案内<rt>あんない</rt></ruby>いたします。

ホテルのロビーにて

ガイド　<ruby>皆様<rt>みなさま</rt></ruby>、ご<ruby>挨拶申<rt>あいさつもう</rt></ruby>し<ruby>上<rt>あ</rt></ruby>げます。<ruby>私<rt>わたくし</rt></ruby>、ガイドを<ruby>務<rt>つと</rt></ruby>めさせていただくキム・ミンホと<ruby>申<rt>もう</rt></ruby>します。よろしくお<ruby>願<rt>ねが</rt></ruby>いいたします。まず、<ruby>今日<rt>きょう</rt></ruby>のスケジュールについてご<ruby>案内<rt>あんない</rt></ruby>いたします。<ruby>午前中<rt>ごぜんちゅう</rt></ruby>は<ruby>景福宮<rt>キョンボックン</rt></ruby>と<ruby>北村韓屋<rt>プクチョン ハノク</rt></ruby>マウルツアーをした<ruby>後<rt>あと</rt></ruby>、<ruby>午後<rt>ごご</rt></ruby>は<ruby>南大門市場<rt>ナムデ ムンいちば</rt></ruby>でショッピングを<ruby>楽<rt>たの</rt></ruby>しんでいただきます。

<ruby>歩<rt>ある</rt></ruby>きながら

ガイド　あそこに<ruby>見<rt>み</rt></ruby>えるのが<ruby>景福宮<rt>キョンボックン</rt></ruby>の<ruby>正門<rt>せいもん</rt></ruby>である<ruby>光化門<rt>クァンファムン</rt></ruby>でございます。

お<ruby>客<rt>きゃく</rt></ruby>　ああ、<ruby>光化門<rt>クァンファムン</rt></ruby>が<ruby>景福宮<rt>キョンボックン</rt></ruby>の<ruby>正門<rt>せいもん</rt></ruby>だったんですね。

ガイド　はい、そうです。それでは、<ruby>光化門<rt>クァンファムン</rt></ruby>を<ruby>通<rt>とお</rt></ruby>って<ruby>中<rt>なか</rt></ruby>に<ruby>入<rt>はい</rt></ruby>ってみましょう。

<ruby>景福宮<rt>キョンボックン</rt></ruby>の<ruby>中<rt>なか</rt></ruby>にて

ガイド　<ruby>皆様<rt>みなさま</rt></ruby>、こちらに<ruby>見<rt>み</rt></ruby>えるのが<ruby>景福宮<rt>キョンボックン</rt></ruby>でございます。ソウルには5<ruby>大宮<rt>だいきゅう</rt></ruby>と<ruby>申<rt>もう</rt></ruby>しまして、<ruby>五<rt>いつ</rt></ruby>つの<ruby>大<rt>おお</rt></ruby>きな<ruby>宮殿<rt>きゅうでん</rt></ruby>がございます。<ruby>景福宮<rt>キョンボックン</rt></ruby>はその<ruby>中<rt>なか</rt></ruby>で<ruby>最<rt>もっと</rt></ruby>も<ruby>古<rt>ふる</rt></ruby>く、<ruby>規模<rt>きぼ</rt></ruby>も<ruby>一番大<rt>いちばんおお</rt></ruby>きいところです。

単어 및 표현

スケジュール 스케줄 | ガイド 가이드, 안내인 | <ruby>挨拶<rt>あいさつ</rt></ruby> 인사 | <ruby>申<rt>もう</rt></ruby>し<ruby>上<rt>あ</rt></ruby>げる 「<ruby>言<rt>い</rt></ruby>う」의 겸양어, 말씀드리다 | <ruby>務<rt>つと</rt></ruby>める (임무를)맡다 |
<ruby>北村韓屋<rt>プクチョン ハノク</rt></ruby>マウルツアー 북촌한옥마을 투어 | ショッピング 쇼핑 | <ruby>正門<rt>せいもん</rt></ruby> 정문 | <ruby>光化門<rt>クァンファムン</rt></ruby> 광화문 | <ruby>通<rt>とお</rt></ruby>る 통과하다, 지나다 | 5<ruby>大<rt>だい</rt></ruby>
<ruby>宮<rt>きゅう</rt></ruby> 5대 궁 | <ruby>宮殿<rt>きゅうでん</rt></ruby> 궁전 | <ruby>規模<rt>きぼ</rt></ruby> 규모 | <ruby>最<rt>もっと</rt></ruby>も (무엇보다도) 가장

お客　へえ、景福宮(キョンボックン)が一番(いちばんおお)大きいんですね。

　　　　ところで、あれはもしかして韓国(かんこく)の伝統衣装(でんとういしょう)ですか。

ガイド　はい、そうです。あれはチマチョゴリという韓国(かんこく)の伝統衣装(でんとういしょう)です。

お客　チマチョゴリって鮮(あざ)やかで本当(ほんとう)にきれいですね。

ガイド　お客様(きゃくさま)、せっかくですから、チマチョゴリを体験(たいけん)されてみてはいかがでしょうか。

お客　いいですね。一度(いちど)試(ため)してみたいです。じゃ、お願(ねが)いします。

・・・・・・・・・・・・・・・・・・・・・・・・・・・

ガイド　うわ、素敵(すてき)ですね。お似合(にあ)いです。写真(しゃしん)、お撮(と)りしましょうか。

お客　じゃ、お願(ねが)いします。

ガイド　はい、チーズ。

お客　ありがとうございます。本当(ほんとう)にいい思(おも)い出(で)になりました。

단어 및 표현

もしかして 혹시, 어쩌면 | 伝統衣装(でんとういしょう) 전통 의상 | チマチョゴリ 치마저고리 | 鮮(あざ)やかだ 산뜻하다, 선명하다 | せっかく 모처럼 |
素敵(すてき)だ 멋지다, 근사하다 | 似合(にあ)う 어울리다, 잘 맞다 | 思(おも)い出(で) 추억

문형 포인트

1. お(ご)～申し上げる

「申し上げる」는 「言う」의 겸양어이며, 「お(ご) + ます형/동작성명사 + 申し上げる」는 겸양표현으로, '~(해)드리다'라는 의미이다.

🌿 お祈り申し上げます。 기원하겠습니다.

🌿 お詫び申し上げます。 사죄드리겠습니다.

🌿 ご挨拶申し上げます。 인사드리겠습니다.

🌿 ご案内申し上げます。 안내 말씀 드리겠습니다.

2. お(ご)～する / お(ご)～いたす

「お(ご) + ます형/동작성명사 + する」와 「お(ご) + ます형/동작성명사 + いたす」는 자신의 행위를 낮춘 겸양표현으로, '~(해)드리다'라고 해석한다.

🌿 お飲み物をお持ちします。 마실 것을 가져다 드리겠습니다.

🌿 お困りでしたら、お手伝いします。 곤란하시다면, 도와드리겠습니다.

🌿 簡単にご説明いたします。 간단히 설명해 드리겠습니다.

🌿 これから明洞をご案内いたします。 지금부터 명동을 안내해 드리겠습니다.

단어 및 표현

祈る 기원하다 | 詫びる 사죄하다 | 困る 곤란하다 | 手伝う 돕다 | 簡単だ 간단하다 | 明洞 명동

3. れる・られる(수동표현)

동사의 「れる・られる」 형은 그 행위의 대상이 된 사람의 입장에서 표현한 수동표현이며, 사물이나 일을 주제로 하는 경우에도 사용된다.

❧ 田中さんに注意されました。 다나카 씨에게 주의를 받았습니다.

❧ 案内放送で名前を呼ばれました。 안내 방송에서 (나의) 이름을 불렀습니다.

❧ 水原華城はユネスコの世界文化遺産に登録されました。

수원화성은 유네스코 세계문화유산으로 등록되었습니다.

❧ キムチは世界各国に輸出されています。 김치는 세계 각국에 수출되고 있습니다.

단어 및 표현

案内放送 안내 방송 | **水原華城** 수원화성 | **ユネスコの世界文化遺産** 유네스코 세계문화유산 | **登録する** 등록하다 | **世界**
各国 세계 각국 | **輸出する** 수출하다

문형 연습

1. 보기와 같이 연습해 봅시다.

> **보기**
>
> 願う ⇒ お願い申し上げます。

1 待つ ⇒

2 知らせる ⇒

3 紹介する ⇒

4 連絡する ⇒

2. 보기와 같이 연습해 봅시다.

> **보기**
>
> お店まで案内する ⇒ お店までご案内します。/ お店までご案内いたします。

1 使い方を説明する

⇒   /

2 パンフレットを配る

⇒   /

단어 및 표현

説明する 설명하다 | 配る 나누어 주다, 배부하다

3 お荷物を持つ

⇒ _____ / _____

4 お土産を送る

⇒ _____ / _____

3. 보기와 같이 연습해 봅시다.

ガイドさんが案内する ⇒ ガイドさんに案内されました。

1 お客様が誉める ⇒

2 外国人が道を聞く ⇒

3 みんなが愛する ⇒

4 鈴木さんが紹介する ⇒

단어 및 표현

誉める 칭찬하다 | 道を聞く 길을 묻다

회화 연습

1. 보기와 같이 제시어를 활용하여 예문을 바꿔 말해 봅시다.　　　　🎧 Track 10-02

ⓐ 慶州〔キョンジュ〕　ⓑ 仏国寺〔プルグク サ〕

> お客〔きゃく〕　ガイドさん、今日〔きょう〕のコースはどうなっていますか。
>
> ガイド　今日〔きょう〕はⓐ慶州〔キョンジュ〕です。ⓐ慶州〔キョンジュ〕といえば、ⓑ仏国寺〔プルグク サ〕が有名〔ゆうめい〕です。
>
> お客〔きゃく〕　へえ、ⓑ仏国寺〔プルグク サ〕ですか。それは楽〔たの〕しみですね。
>
> ガイド　では、ⓑ仏国寺〔プルグク サ〕へご案内〔あんない〕いたします。

1　ⓐ 全州〔チョンジュ〕　　　　ⓑ 韓屋マウル〔ハノク〕

2　ⓐ 水原〔ス ウォン〕　　　　ⓑ 水原華城〔ス ウォンファソン〕

3　ⓐ 済州島〔チェジュ ド〕　　ⓑ 漢拏山〔ハン ラ サン〕

4　ⓐ 釜山〔プ サン〕　　　　ⓑ 海雲台〔ヘ ウン デ〕

慶州〔キョンジュ〕 경주 | 仏国寺〔プルグク サ〕 불국사 | 全州〔チョンジュ〕 전주 | 済州島〔チェジュ ド〕 제주도 | 漢拏山〔ハン ラ サン〕 한라산 | 釜山〔プ サン〕 부산 | 海雲台〔ヘ ウン デ〕 해운대

2. 보기와 같이 제시어를 활용하여 예문을 바꿔 말해 봅시다.

🎧 Track 10-03

보기

ⓐ 景福宮^{キョンボックン}　ⓑ 建^たてる　ⓒ 太祖李成桂^{テ ジョ イ ソン ゲ}

お客^{きゃく}　ⓐ景福宮^{キョンボックン}は誰^{だれ}がⓑ建^たてましたか。

ガイド　ⓐ景福宮^{キョンボックン}はⓒ太祖李成桂^{テ ジョ イ ソン ゲ}によってⓑ建^たてられました。

1 ⓐ ハングル　　　　ⓑ 作^{つく}る　　　　ⓒ 世宗大王^{セ ジョンだいおう}

2 ⓐ 亀甲船^{きっこうせん}　　　ⓑ 作^{つく}る　　　　ⓒ 李舜臣将軍^{イ スンシン しょうぐん}

3 ⓐ 昌徳宮^{チャンドックン}　　　ⓑ 建^たてる　　　ⓒ 太宗李芳遠^{テ ジョン イ バンウォン}

4 ⓐ 仏国寺^{ブルグク サ}　　　ⓑ 建^たてる　　　ⓒ 金大城^{キム デ ソン}

단어 및 표현

太祖李成桂^{テ ジョ イ ソン ゲ} 태조 이성계 | ハングル 한글 | 世宗大王^{セ ジョンだいおう} 세종대왕 | 亀甲船^{きっこうせん} 거북선 | 李舜臣将軍^{イ スンシンしょうぐん} 이순신 장군 | 昌徳宮^{チャンドックン} 창덕궁 |
太宗李芳遠^{テ ジョン イ バンウォン} 태종 이방원 | 金大城^{キム デ ソン} 김대성

일본 문화

일본의 전통 예능

노(能)

노는 음악과 춤, 연기로 이루어진 가면극으로, 메이지 시대(明治時代, 1868~1912) 이전까지는 사루가쿠(散楽)라고 하였다. 사루가쿠는 나라 시대(奈良時代, 710~794)에 중국에서 전래된 산가쿠(散楽)가 그 원형이며, 14세기 이후 지금의 노의 형식이 완성되었다. 노멘(能面)은 노에서 사용되는 가면을 말하며, 실제 사용되고 있는 노멘의 수는 60~70여 종이다. 노의 연기자는 일본인의 독특한 미의식이 담겨 있는 노멘을 쓰고, 단조로운 음악에 맞추어 절제되고 상징화된 동작으로 춤을 춘다. 본래 노는 신사나 귀족의 정원 등 야외에서 공연된 예능이었으나, 지금은 노가쿠도(能楽堂)라는 전용 극장에서도 공연되고 있다. 노의 무대는 노부타이(能舞台)와 무대 왼쪽으로 뻗어 있는 하시가카리(橋掛り)로 구성되어 있으며, 뒷벽에는 소나무 한 그루가 그려져 있는 것이 특징이다.

▲ 노멘

교겐(狂言)

교겐은 원래 노(能)의 막간에 상연되던 전통 희극이었지만, 현재는 독립되어 극이 진행되기도 한다. 교겐은 노와 마찬가지로 사루가쿠에서 유래된 것이지만, 노가 가무를 중심으로 하는 예능이라면, 교겐은 대사를 중심으로 하는 예능이다. 노가 몽환적이고 상징적인 내용이 많은 데 반해, 교겐은 풍자적이고 사실적인 내용이 많다. 그리고 노는 주로 역사상 인물인 귀족이나 무사 등이 주인공이지만, 교겐은 서민들이 주로 등장하며 일상생활에서 일어나는 사건들을 소재로 한다. 교겐의 배우는 가면을 쓰지 않는 것이 일반적이지만, 신이나 노인, 동물 등을 연기할 때는 가면을 쓰기도 한다. 교겐은 특별한 무대장치가 없으며, 부채와 가즈라오케(葛桶)라는 나무통을 소도구로 사용하여 여러 상황을 표현한다.

▲ 교겐

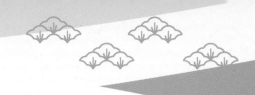

분라쿠(文楽)

　분라쿠는 노, 가부키와 더불어 일본 3대 전통 예능 중 하나이다. 분라쿠의 정식 명칭은 닌교 조루리(人形浄瑠璃)로, 닌교(人形)와 서사적 노래 이야기인 조루리(浄瑠璃)가 결합된 용어이다. 분라쿠는 이야기를 담당하는 다유(太夫)와 샤미센(三味線) 반주, 그리고 인형으로 구성되어 있다. 인형의 세밀한 움직임을 표현하기 위해, 주요 등장인물은 세 명의 인형 조정자가 담당하고, 단역이나 동물 등 간단한 배역은 한 사람이 조종한다. 극의 내용은 사람들과의 관계 속에서 지켜야 할 도리인 의리(義理)와 인정(人情) 사이에서 겪게 되는 대립과 갈등을 다루고 있다.

▲ 분라쿠

가부키(歌舞伎)

　가부키는 글자 그대로 노래(歌), 춤(舞), 기예(伎)가 어우러진 예능으로, 화사하고 선명한 색채의 화장과 의상, 화려한 무대가 특징이다. 1603년 이즈모노 오쿠니(出雲のお国)라는 여성이 특이한 춤을 추기 시작하였는데, 이 춤이 대중들에게 큰 인기를 끌면서 유사한 춤을 추는 사람들이 생겨났다. 이 춤이 가부키의 시초이지만, 에도 시대(江戸時代, 1603~1868)에는 풍기문란을 이유로 여성이 연기하는 것을 금지하였기 때문에, 여성의 역할만을 전문으로 하는 온나가타(女方)라는 남성 배우가 생겨났다. 가부키의 꽃이라고 불리는 온나가타는 지금도 많은 인기를 얻고 있다. 도쿄의 가부키 전용극장인 가부키좌(歌舞伎座)를 비롯하여 전국의 크고 작은 가부키 공연장에서 감상할 수 있다.

▲ 가부키

🎧 Track 11-01

一度飲んでみようと思っていたんです。

ホテルのロビーにて

ガイド　今日のスケジュールはソウルの街歩きツアーでございます。まず、韓国の代表的な下町である仁寺洞巡りからはじめます。仁寺洞は曹渓寺というお寺を中心として出来た街でございます。

仁寺洞にて

ガイド　あそこに見えるのが仁寺洞のメイン通りでございます。

ソウルにはいくつかの骨董品街がございますが、もっとも有名な所が仁寺洞です。昔は100軒あまりの店が立ち並んでいたんですが、今は伝統的な韓屋と現代風のビルが共存していて、独特な雰囲気を醸し出しております。

お客　そうですか。骨董品街なのに若い人もけっこう多いですね。

단어 및 표현

街歩きツアー 거리 걷기 투어 | 代表的だ 대표적이다 | 下町 전통적인 서민들의 번화가 | 仁寺洞巡り 인사동 둘러보기 | 曹渓寺 조계사 | 街 (상가 등이 밀집된)번화한 거리 | メイン通り 중심 거리 | 骨董品街 골동품 거리 | 昔 옛날 | ～軒 ~채(집을 세는 단위) | 立ち並ぶ 줄지어 서다 | 伝統的だ 전통적이다 | 現代風 현대풍 | ビル 빌딩 | 共存する 공존하다 | 独特だ 독특하다 | 雰囲気 분위기 | 醸し出す 자아내다

ガイド　はい。最近モダンなギャラリーとおしゃれなカフェもたくさん出来まして、若い人たちにも人気のある観光スポットとなっております。

お客　なるほど。伝統と現代が共存する街ということですね。

ガイド　はい、そうです。路地裏に入ると、韓定食やマッコリが飲めるお店がたくさんあります。よろしかったら、マッコリ体験もされてみてはいかがでしょうか。

お客　いいですね。一度飲んでみようと思っていたんですが、今までチャンスがなかったんです。

단어 및 표현

モダンだ 모던하다, 현대풍이다 | **ギャラリー** 갤러리, 화랑 | **カフェ** 카페 | **おしゃれだ** 멋지다, 세련되다 | **観光スポット** 관광 명소 | **路地裏** 뒷골목 | **韓定食** 한정식 | **マッコリ** 막걸리 | **体験** 체험 | **チャンス** 찬스, 기회

メイン通り<ruby>通<rt>どお</rt></ruby>りにて

<ruby>お客<rt>きゃく</rt></ruby>　あそこの<ruby>屋台<rt>や たい</rt></ruby>で<ruby>売<rt>う</rt></ruby>っている<ruby>白<rt>しろ</rt></ruby>いのは<ruby>何<rt>なん</rt></ruby>ですか。

ガイド　あれは<ruby>韓国<rt>かんこく</rt></ruby>の<ruby>伝統的<rt>でんとうてき</rt></ruby>な<ruby>飴<rt>あめ</rt></ruby>です。

<ruby>お客<rt>きゃく</rt></ruby>　ああ、<ruby>飴<rt>あめ</rt></ruby>だったんですか。<ruby>珍<rt>めずら</rt></ruby>しいですね。

....

<ruby>お客<rt>きゃく</rt></ruby>　うわぁ、あそこの<ruby>お店<rt>みせ</rt></ruby>に<ruby>古風<rt>こ ふう</rt></ruby>な<ruby>物<rt>もの</rt></ruby>がたくさん<ruby>飾<rt>かざ</rt></ruby>られていますね。

ガイド　はい。<ruby>仁寺洞<rt>イン サ ドン</rt></ruby>では<ruby>民芸品<rt>みんげいひん</rt></ruby>から<ruby>手作<rt>て づく</rt></ruby>りのアクセサリーまで、<ruby>気軽<rt>き がる</rt></ruby>にショッピング

　　　　ができます。

<ruby>お客<rt>きゃく</rt></ruby>　さすが<ruby>韓国<rt>かんこく</rt></ruby>の<ruby>代表的<rt>だいひょうてき</rt></ruby>な<ruby>骨董品街<rt>こっとうひんがい</rt></ruby>だけのことはありますね。

ガイド　それではご<ruby>自由<rt>じ ゆう</rt></ruby>に<ruby>回<rt>まわ</rt></ruby>ってみてください。もし、<ruby>お困<rt>こま</rt></ruby>りの<ruby>点<rt>てん</rt></ruby>がございましたら、ご

　　　　<ruby>遠慮<rt>えんりょ</rt></ruby>なく<ruby>お電話<rt>でん わ</rt></ruby>ください。それからお<ruby>食事<rt>しょくじ</rt></ruby>は<ruby>韓定食<rt>かんていしょく</rt></ruby>の<ruby>老舗<rt>しにせ</rt></ruby>にご<ruby>案内<rt>あんない</rt></ruby>いたしま

　　　　すので、12<ruby>時<rt>じ</rt></ruby>までにこの<ruby>場所<rt>ば しょ</rt></ruby>に<ruby>お集<rt>あつ</rt></ruby>まりください。

단어 및 표현

<ruby>屋台<rt>や たい</rt></ruby> 포장마차 | <ruby>飴<rt>あめ</rt></ruby> 엿 | <ruby>珍<rt>めずら</rt></ruby>しい 신기하다, 귀하다 | <ruby>古風<rt>こ ふう</rt></ruby>だ 고풍스럽다 | <ruby>飾<rt>かざ</rt></ruby>る 장식하다 | <ruby>民芸品<rt>みんげいひん</rt></ruby> 민예품 | <ruby>手作<rt>て づく</rt></ruby>り 수제, 손수 만든 것 | アクセサリー 액세서리 | <ruby>気軽<rt>き がる</rt></ruby>に 부담 없이, 선뜻 | <ruby>自由<rt>じ ゆう</rt></ruby>に 자유롭게 | <ruby>回<rt>まわ</rt></ruby>る 돌다 | <ruby>お困<rt>こま</rt></ruby>りの点<rt>てん</rt> 곤란한 점 | <ruby>遠慮<rt>えんりょ</rt></ruby>なく 기탄없이, 사양 말고 | <ruby>老舗<rt>しにせ</rt></ruby> 노포, 전통 있는 유명한 가게 | <ruby>集<rt>あつ</rt></ruby>まる 모이다

食堂にて

お店の人 いらっしゃいませ。何名様でいらっしゃいますか。

お客 三人です。

お店の人 三名様ですね。こちらへどうぞ。メニューはこちらでございます。

お客 このお店のお勧めは何ですか。

お店の人 うちは韓定食がメインでございます。

お客 それじゃ、韓定食を三人前ください。

お店の人 かしこまりました。

단어 및 표현

メイン 메인 | ～人前 ~인분

문형 포인트

1. ～う・ようと思っていたんです

동사의 의지형에 「と思っていたんです」가 접속되어 '이전부터 그러한 생각을 가지고 있었다'
는 자신의 의지를 나타내는 표현이다.

🌿 駅まで歩いて行こうと思っていたんです。 역까지 걸어가려고 했었습니다.

🌿 マッコリを一度飲んでみようと思っていたんです。 막걸리를 한번 마셔 보려고 했었습니다.

🌿 来月、釜山を旅行しようと思っていたんです。 다음 달 부산을 여행하려고 했었습니다.

🌿 夏休みにもう一度ソウルに来ようと思っていたんです。
여름 방학에 한 번 더 서울에 오려고 했었습니다.

2. ～だけのことはある

「～だけのことはある」는 '～ㄹ(할) 만하다'라고 해석하며, 「やっぱり」 또는 「さすが」와 같은 부
사와 호응하여 사용하는 경우가 많다.

🌿 やっぱり行ってみるだけのことはありました。 역시 가 볼 만했습니다.

🌿 やっぱり食べてみるだけのことはありました。 역시 먹어 볼 만했습니다.

🌿 さすが国宝1号と言われるだけのことはありますね。 과연 국보 1호라고 불릴 만하군요.

🌿 さすが慶州は長い歴史を持った古都だけのことはありますね。
과연 경주는 긴 역사를 가진 옛 수도라 할 만하군요.

단어 및 표현

国宝1号 국보 1호 | 歴史 역사 | 古都 옛 수도

3. ご遠慮なく

「ご遠慮なく」는 상대방에게 무언가를 권유할 때 쓰는 표현으로, '사양 말고, 기탄없이'라고 해석한다.

- ご遠慮なくお使いください。 사양 말고 사용해 주십시오.

- どうぞご遠慮なく召し上がってください。 사양 말고 어서 드십시오.

- 何かご質問がございましたら、ご遠慮なくお尋ねください。

  뭔가 질문이 있으시다면, 기탄없이 물어 봐 주십시오.

- ご意見などがございましたら、ご遠慮なくご連絡ください。

  의견 등이 있으시다면, 기탄없이 연락해 주십시오.

단어 및 표현

尋ねる 묻다, 방문하다

문형 연습

1. 보기와 같이 연습해 봅시다.

> **보기**
>
> 明日帰る ⇒ 明日帰ろうと思っていたんです。

1 仁寺洞でお土産を買う ⇒

2 団体写真を撮る ⇒

3 ソウルの夜景を見る ⇒

4 遊覧船に乗る ⇒

2. 보기와 같이 연습해 봅시다.

> **보기**
>
> グルメと呼ばれる ⇒ さすがグルメと呼ばれるだけのことはありますね。

1 時間を割いて行ってみる ⇒

2 1時間並んで食べる ⇒

3 韓牛は高いお金を出す ⇒

4 ソウルの観光スポットと言われる ⇒

단어 및 표현

団体写真 단체 사진 | **夜景** 야경 | **遊覧船** 유람선 | **グルメ** 미식가 | **時間を割く** 시간을 내다 | **並ぶ** 줄 서다 | **韓牛** 한우 | **お金を出す** 돈을 내다

3. 보기와 같이 연습해 봅시다.

보기

ご遠慮なくパンフレットを取る ⇒ ご遠慮なくパンフレットをお取りください。

1 ご遠慮なく持ち帰る

　　⇒

2 どうぞ、ご遠慮なく問い合わせる

　　⇒

3 何なりとご遠慮なく申し付ける

　　⇒

4 ご不明な点がございましたら、ご遠慮なく質問する

　　⇒

단어 및 표현

何なりと 무엇이든 | 申し付ける 명령하다, 분부하다 | 質問する 질문하다

회화 연습

1. 보기와 같이 제시어를 활용하여 예문을 바꿔 말해 봅시다.　🎧 Track 11-02

ⓐ 韓国旅行　ⓑ 写真もたくさん撮る　ⓒ 料理もおいしい　ⓓ 来る

ガイド　ⓐ韓国旅行はいかがでしたか。

お客　ええ、とてもよかったです。ⓑ写真もたくさん撮ったし、
ⓒ料理もおいしかったです。

ガイド　それは何よりですね。

お客　やっぱりⓓ来てみるだけのことはありました。

1　ⓐ 仁寺洞　　ⓑ 民芸品も買う　　ⓒ 漢方茶もおいしい　ⓓ 回る

2　ⓐ 今日の日程　ⓑ 北村コースもいい　ⓒ 韓屋もすばらしい　ⓓ 行く

3　ⓐ チムジルバン　ⓑ シッケもおいしい　ⓒ 蒸し風呂もいい　ⓓ 体験する

4　ⓐ ホテル　　ⓑ お部屋からの眺めもいい　ⓒ 朝食もおいしい　ⓓ 泊まる

漢方茶 한방차 | 北村コース 북촌 코스 | チムジルバン 찜질방 | シッケ 식혜 | 蒸し風呂 한증막

2. 보기와 같이 제시어를 활용하여 예문을 바꿔 말해 봅시다.

보기

> ⓐ 伝統的なお酒を飲まれる ⓑ 飲む ⓒ お酒 ⓓ ドンドン酒
>
> ---
>
> ガイド　ⓐ伝統的なお酒を飲まれてみたらいかがでしょうか。
>
> お客　そうですね。私もⓑ飲んでみようと思っていたんですが、
>
> 　　　お勧めのⓒお酒がありますか。
>
> ガイド　ⓓドンドン酒はいかがでしょうか。
>
> お客　あ、いいですね。ありがとうございます。

1 ⓐ チマチョゴリを着られる ⓑ 着る ⓒ レンタルショップ ⓓ 景福宮の前のお店

2 ⓐ 慶州へ行かれる ⓑ 行く ⓒ 交通便 ⓓ KTX

3 ⓐ 韓定食を召しあがる ⓑ 食べる ⓒ お店 ⓓ 仁寺洞のお店

4 ⓐ あかすりを体験される ⓑ 体験する ⓒ サウナ ⓓ ホテルの近くのサウナ

단어 및 표현

ドンドン酒 동동주 | レンタルショップ 렌털 숍, 대여점 | 交通便 교통편 | あかすり 때밀이

일본 문화

일본인의 종교(宗敎)

신도(神道)

일본에는 오래전부터 '야오요로즈노카미(八百万の神)'라는 말이 전해지고 있다. '수없이 많은 신'이라는 의미 그대로 일본에는 많은 신이 있으며, 그 신들을 모신 신사(神社)가 전국에 8만 곳 이상이라고 한다. 신사 중에는 자연물이나 동물 등을 신격화하여 모신 곳도 있고, 천황이나 쇼군(將軍) 등 실존했던 인물이나 우지가미를 신으로 모신 곳도 있다. 참배길 입구나 신사 입구에는 도리이(鳥居)가 있는데, 이 명칭은 '신의 전령인 새가 머무는 곳'에서 유래되었다는 설이 있다. 새를 신과 인간의 매개체로 보는 풍습은 한국의 솟대와 유사하다.

▲ 도리이

불교(仏敎)

일본의 불교는 6세기경에 중국과 한국을 통해 전해졌고, 이후 쇼토쿠 태자(聖德太子, 574~622)에 의해 보호받았다. 12세기경까지 귀족 중심이었던 불교가 13세기 무렵, 정토종(淨土宗)과 정토진종(淨土眞宗)이 보급되면서 서민들 사이에서도 번성하게 되었다. 그러나 아즈치모모야마 시대(安土桃山時代, 1568~1600)를 거치며 쇠퇴일로를 걷게 되었지만, 이후 에도 시대 때는 막부의 반기독교 정책 아래 모든 사람이 절의 단가(檀家, 불교 신자)로 등록되기에 이르렀다. 오늘날 대부분의 일본인이 불교를 종교로 갖고 있고, 불교식 장례를 치르는 것은 이 단가제도의 영향이라고 할 수 있다.

▲ 가마쿠라의 불상

일본인의 종교와 일생

일본에서는 아이가 태어나서 한 달쯤 되면, 신사에 데리고 가서 참배하며 아이의 건강을 기원하는데, 이를 오미야마이리(お宮参り)라고 한다. 또한 생후 처음으로 맞는 명절을 하츠젯쿠(初節句)라고 하는데, 여자아이는 3월 3일, 남자아이는 5월 5일에 축하 행사를 연다. 그리고 아이가 7살, 5살, 3살이 되는 해의 11월 15일에는 우지가미를 모신 신사에 가서 참배를 하고 아이의 성장을 축하하는 잔치를 베푸는데, 이를 시치고산(七五三)이라고 한다. 결혼식을 할 때도 '신전(神前) 결혼식'이라 하여 신사에서 신도식으로 하는 사람들이 많다. 이처럼 일본인들은 태어나면서부터 줄곧 신사와 관련이 깊지만, 죽으면 화장(火葬)을 하고 절의 묘지에 안치하는 등 불교식으로 장례를 치르는 경우가 많다.

▲ 시치고산

▲ 신전 결혼식

第12課 ハングクミンソクチョン **韓国民俗村** 한국민속촌

🎧 Track 12-01

記念に写真を撮ってみては いかがでしょうか。

ホテルのロビーにて

ガイド　今日のスケジュールは韓国民俗村の観光でございます。

お客　ソウルから民俗村までは、どのくらいかかりますか。

ガイド　そうですね。ホテルから片道2時間で、往復4時間ぐらいです。

お客　民俗村の最寄りの駅はどこですか。

ガイド　水原駅です。水原駅でバスに乗り換えて50分ぐらいかかります。

では、そろそろご出発いたします。

단어 및 표현

記念 기념 | **韓国民俗村** 한국민속촌 | **片道** 편도 | **往復** 왕복 | **最寄りの駅** 가장 가까운 역 | **乗り換える** 갈아타다

韓国民俗村にて

(ハングクミンソクチョン)

ガイド 入場券を買って参りますので、少々お待ちください。

お客 入場料はいくらですか。

ガイド 大人は22,000ウォンで、子供は17,000ウォンです。

·····················

お客 ここはずいぶん広いですね。

ガイド はい。30万坪もあります。この広大な敷地には朝鮮時代の家屋を展示して
おり、韓国人はもちろん、外国人もたくさん訪れる観光スポットとなっており
ます。

お客 なかなか素敵なお屋敷ですね。

ガイド こちらは映画やドラマの撮影地としても有名です。記念に写真を撮ってみては
いかがでしょうか。

お客 いいですね。お願いします。

단어 및 표현

入場券 입장권 | **入場料** 입장료 | **坪** 평 | **広大だ** 광대하다 | **敷地** 부지 | **朝鮮時代** 조선시대 | **家屋** 가옥 | **展示する** 전시하다 |
訪れる 방문하다, 찾아오다 | **屋敷** 저택 | **ドラマ** 드라마 | **撮影地** 촬영지

食堂にて

お客　ああ、お腹空いた。メニューはどんなものがありますか。

　　　私、辛い物は苦手なんですが。

ガイド　辛くない物なら、ビビンバと参鶏湯がお勧めです。

お客　ビビンバは食べたことがあるんですけど、参鶏湯ってどんな料理ですか。

ガイド　韓国人が夏バテを解消するために食べる代表的なスタミナ料理でござい

　　　ます。

お客　あ、そうですか。じゃ、私は参鶏湯にします。

....

단어 및 표현

お腹が空く 배가 고프다 | 辛い 맵다 | 参鶏湯 삼계탕 | 夏バテ 여름을 탐 | 解消する 해소하다 | スタミナ料理 보양식

お客 すごいボリュームですね。このお酒は何ですか。

ガイド それは高麗人参酒です。けっこう強いですよ。

お客 あ、本当だ。これ珍しいから父のお土産に買っていこうかな。

ガイド そうですね。お土産として喜ばれると思います。

....

お客 うわ、本当においしい。体が温まりますね。

このキムチもおいしいわ。

すみません。キムチのおかわりをお願いできますか。

お店の人 はい。すぐお持ちいたします。

....

お客 お勘定、お願いします。

お店の人 ご一緒ですか、別々ですか。

お客 別々でお願いします。

お店の人 お一人あたり18,000ウォンでございます。20,000ウォンお預かりいたします。

2,000ウォンのお返しです。ありがとうございました。

단어 및 표현

ボリューム 볼륨, 양 | 高麗人参酒 고려인삼주 | けっこう 꽤, 제법 | 喜ぶ 기뻐하다, 좋아하다 | 暖まる 따뜻해지다 | おかわり 같은 음식을 더 먹음 | 勘定 계산, 셈 | 別々 따로따로, 각각 | 〜当たり ~당 | お返し 거스름돈, 답례

문형 포인트

1. 〜はもちろん〜も

「AはもちろんBも」의 형태로 'A는 물론, B도'라고 해석한다.

🌿 明洞にはデパートはもちろん免税店もあります。

명동에는 백화점은 물론, 면세점도 있습니다.

🌿 当店ではドリンクはもちろんケーキも食べ放題です。

저희 가게에서는 음료수는 물론, 케이크도 무한정 먹을 수 있습니다.

🌿 韓国ではお箸はもちろん、さじも使います。

한국에서는 젓가락은 물론, 숟가락도 사용합니다.

🌿 韓定食にはお魚はもちろん、たくさんのおかずが出ます。

한정식에는 생선은 물론 많은 반찬이 나옵니다.

2. 〜てみてはいかがですか / 〜てみてはいかがでしょうか

「〜てみてはどうですか/〜てみてはどうでしょうか」의 겸양표현인 「〜てみてはいかがですか/〜てみてはいかがでしょうか」는 '~해 보시면 어떻겠습니까?'라는 의미로, 상대방에게 무언가를 해 보길 권할 때 쓰는 표현이다.

🌿 中に入ってみてはいかがですか。안으로 들어가 보시면 어떻겠습니까?

🌿 ご参考になさってみてはいかがですか。참고해 보시면 어떻겠습니까?

단어 및 표현

ドリンク 음료수 | ケーキ 케이크 | 食べ放題 뷔페, (정해진 시간 안에)무한정 먹는 것 | お箸 젓가락 | さじ 숟가락 | お魚 생선 | おかず 반찬 | 参考 참고

ご覧になってみてはいかがでしょうか。 봐 보시면 어떻겠습니까?

少し気分転換してみてはいかがでしょうか。 잠시 기분전환해 보시면 어떻겠습니까?

3. ～なら、～がお勧めです

「～なら、～がお勧めです」는 '~(라)면 ~을(를) 추천합니다'라는 의미로, 무언가를 권할 때 쓰는
표현이다.

服を買うなら、東大門市場がお勧めです。 옷을 산다면, 동대문시장을 추천합니다.

韓国の民芸品なら、仁寺洞がお勧めです。 한국의 민예품이라면, 인사동을 추천합니다.

夏バテ防止なら、参鶏湯がお勧めです。 여름 타는 것을 방지하려면, 삼계탕을 추천합니다.

韓国で有名な公演なら、ナンタがお勧めです。 한국에서 유명한 공연이라면, 난타를 추천합니다.

단어 및 표현

気分転換する 기분전환하다 | **勧める** 권하다, 추천하다 | **東大門市場** 동대문시장 | **防止** 방지 | **公演** 공연 | **ナンタ** 난타 | **ご覧になる** 「見る」의 존경어, 보시다

문형 연습

1. 보기와 같이 연습해 봅시다.

ビビンバ / チヂミ / おいしい

⇒ ビビンバはもちろん、チヂミもおいしいです。

1 味 / 見た目 / いい ⇒

2 昼間の景色 / 夜景 / すばらしい ⇒

3 お肉 / 飲み物 / お替わり自由 ⇒

4 韓国人 / 外国からの観光客 / 多い ⇒

2. 보기와 같이 연습해 봅시다.

エステを試す ⇒ エステを試してみてはいかがでしょうか。

1 展望台に登る ⇒

2 韓国の伝統茶を飲む ⇒

3 漢江で遊覧船に乗る ⇒

4 ソウルシティツアーバスを利用する ⇒

단어 및 표현

チヂミ 파전 | 味 맛 | 見た目がいい 보기 좋다 | 昼間 낮, 낮 동안 | 景色 풍경 | お替わり自由 맘대로 추가하여 먹을 수 있음 | 観光客 관광객 | エステ 에스테틱, 전신 미용법 | 展望台 전망대 | 韓国の伝統茶 한국 전통차 | ソウルシティツアーバス 서울 시티 투어버스

3. 보기와 같이 연습해 봅시다.

보기

エステ / 漢方<ruby>漢方<rt>かんぽう</rt></ruby>エステ ⇒ エステ<u>なら</u>漢方<ruby>漢方<rt>かんぽう</rt></ruby>エステ<u>がお勧<ruby>勧<rt>すす</rt></ruby>めです。</u>

1 博物館<ruby>博物館<rt>はくぶつかん</rt></ruby> / 国立中央博物館<ruby>国立中央博物館<rt>こくりつちゅうおうはくぶつかん</rt></ruby>

　⇒

2 韓国<ruby>韓国<rt>かんこく</rt></ruby>のお土産<ruby>土産<rt>みやげ</rt></ruby> / 岩海苔<ruby>岩海苔<rt>いわのり</rt></ruby>

　⇒

3 ショッピング / 東大門市場<ruby>東大門市場<rt>トンデムンいちば</rt></ruby>

　⇒

4 お茶<ruby>茶<rt>ちゃ</rt></ruby> / 高麗人参茶<ruby>高麗人参茶<rt>こうらいにんじんちゃ</rt></ruby>

　⇒

단어 및 표현

漢方<ruby>漢方<rt>かんぽう</rt></ruby>エステ 한방 에스테틱 | 国立中央博物館<ruby>国立中央博物館<rt>こくりつちゅうおうはくぶつかん</rt></ruby> 국립중앙박물관 | 岩海苔<ruby>岩海苔<rt>いわのり</rt></ruby> 돌김

회화 연습

1. 보기와 같이 제시어를 활용하여 예문을 바꿔 말해 봅시다.　🎧 Track 12-02

1 ⓐ ロッテワールド　ⓑ テーマパーク　ⓒ 水族館（すいぞくかん）もある

2 ⓐ エステショップ　ⓑ お顔（かお）　ⓒ 全身（ぜんしん）ケアも体験（たいけん）できる

3 ⓐ Nソウルタワー　ⓑ ソウルの夜景（やけい）　ⓒ 漢江（ハンガン）も一望（いちぼう）できる

4 ⓐ 南大門市場（ナム デ ムンいちば）　ⓑ 買い物（かもの）　ⓒ お食事（しょくじ）もできる

단어 및 표현

韓食文化館（ハンシク ム ナ グァン） 한식문화관｜テーマパーク 테마파크｜水族館（すいぞくかん） 수족관｜エステショップ 에스테틱 숍｜全身（ぜんしん）ケア 전신 관리｜
Nソウルタワー N서울타워｜一望（いちぼう）できる 한눈에 볼 수 있다

2. 보기와 같이 제시어를 활용하여 예문을 바꿔 말해 봅시다. 🎧 Track 12-03

보기

ⓐ お土産を買う　ⓑ お土産　ⓒ 柚子茶

お客　　ⓐお土産を買いたいんですが。

ガイド　ⓑお土産ならⓒ柚子茶がお勧めです。

お客　　ⓒ柚子茶ですか。ありがとうございます。

1 ⓐ 化粧品を買う　　　ⓑ 化粧品を買う　　　ⓒ 明洞

2 ⓐ 韓国のお酒を飲む　ⓑ 韓国のお酒　　　ⓒ マッコリ

3 ⓐ 公演を見る　　　　ⓑ 公演　　　　　　ⓒ コリアハウス

4 ⓐ お肉を食べる　　　ⓑ お肉　　　　　　ⓒ プルゴギ

단어 및 표현

柚子茶 유자차 ┃ コリアハウス 코리아하우스 ┃ プルゴギ 불고기

일본 문화

마쓰리(祭り)

마쓰리는 '제사 지내다, 신으로 모시다'라는 뜻의 '마쓰루(祭る)'에서 왔으며, 농경의례에서의 풍작과 어업에서의 풍어 등 마을의 안녕과 가내 안전을 기원하던 제례 행사 중 하나였다. 마쓰리는 대부분 신사나 사찰이 주체가 되고 있으며, 대부분이 지역명이나 신사의 명칭을 따서 'ㅇㅇ마쓰리'라 불리고 있다. 현대에 들어와서는 종교적인 색채를 벗어나 지역 발전을 위한 축제 중심의 이벤트성 마쓰리로 변모되어 가고 있다.

일본의 3대 마쓰리

1) 교토(京都)의 기온마쓰리(祇園祭り)

기온마쓰리는 교토 기온(祇園)의 야사카 신사(八坂神社)를 중심으로 열리는 마쓰리로, 869년 교토에 역병이 돌았을 때, 그 역병을 물리치기 위해 지낸 기온고료에(祇園御霊会)에서 시작되었다. 기온마쓰리는 7월 한 달간 이어지는데, 그중 16일의 전야제 요이야마(宵山)와 17일의 야마보코 순행(山鉾巡行)이 가장 인기 있는 볼거리이다. 산 모양을 본 따 만든 야마(山)라는 가마와 창을 꽂은 호코(鉾)라는 가마의 행렬이 시작되면 축제 분위기는 절정에 달한다.

▲ 기온마쓰리

2) 오사카(大阪)의 덴진마쓰리(天神祭り)

덴진마쓰리는 매년 7월 24일부터 25일까지 오사카의 덴만구 신사(天満宮神社)를 중심으로 열리는 선상(船上) 마쓰리이다. 덴진(天神)은 억울하게 죽은 스가와라노 미치자네(菅原道真, 845~903)를 가리키는데, 그의 영혼을 달래기 위해 창 모양의 무기인 가미호코(神鉾)를 바다에 떠우고, 그것이 닿은 해변에 제단을 쌓고 의식을 치렀던 것이 덴진마쓰리의 기원이라고 한다. 신령을 태운 배를 비롯한, 100여 척의 배들이 강을 거슬러 올라가는 행사와 불꽃놀이는 매우 화려한 볼거리이다.

▲ 덴진마쓰리

3) 도쿄(東京)의 간다마쓰리(神田祭り)

매년 5월 15일에 가까운 주말에 열리는 간다마쓰리는 간다묘진 신사(神田明神神社)가 중심이 된다. 간다묘진은 도쿠가와(德川) 가문의 수호신으로, 간다마쓰리는 도쿠가와 이에야스(德川家康)가 세키가하라 전투(関ヶ原の戦い)에서 승리한 것을 기념하기 위해 시작되었다. 토요일에는 300여 명이나 되는 사람들이 가마(御輿)를 지고서, 간다바야시(神田囃し)라는 연주에 맞추어 행진하는데, 그 모습이 장관이다.

▲ 간다마쓰리

관광 서비스 필수 단어

- ☐ ツアー 투어
- ☐ パッケージツアー 패키지 투어
- ☐ 旅行社（りょこうしゃ） 여행사
- ☐ 地図（ちず） 지도
- ☐ 観光ガイド（かんこう） 관광 가이드
- ☐ 個人旅行（こじんりょこう） 개인여행
- ☐ 団体旅行（だんたいりょこう） 단체여행
- ☐ 海外旅行（かいがいりょこう） 해외여행
- ☐ 修学旅行（しゅうがくりょこう） 수학여행
- ☐ 医療観光（いりょうかんこう）(メディカルツーリズム) 의료 관광
- ☐ 観光コース（かんこう） 관광 코스
- ☐ スケジュール 스케줄, 일정
- ☐ バスターミナル 버스 터미널
- ☐ タクシー乗り場（のば） 택시 승강장
- ☐ 観光バス（かんこう） 관광 버스
- ☐ 最寄りの駅（もよ・えき） 가장 가까운 역
- ☐ レンタカー 렌트카
- ☐ 交通カード（こうつう） 교통 카드
- ☐ 座席バス（ざせき） 좌석 버스
- ☐ 都心循環バス（としんじゅんかん） 도심순환버스

- ☐ シティーツアーバス 시티 투어버스
- ☐ 観光案内所（かんこうあんないじょ） 관광안내소
- ☐ 日帰り観光（ひがえ・かんこう） 당일치기 관광
- ☐ 市内観光（しないかんこう） 시내 관광
- ☐ 街歩きツアー（まちある） 거리 걷기 투어
- ☐ ショッピング 쇼핑
- ☐ 伝統衣装（でんとう・いしょう） 전통 의상
- ☐ チマチョゴリ 치마저고리
- ☐ 着付け体験（きつ・たいけん） 옷 입기 체험 (한복 체험 등)
- ☐ 観光スポット（かんこう） 관광 명소
- ☐ 名所（めいしょ） 명소
- ☐ 博物館（はくぶつかん） 박물관
- ☐ 美術館（びじゅつかん） 미술관
- ☐ ユネスコの世界文化遺産（せかいぶんかいさん） 유네스코 세계문화유산
- ☐ 歴史（れきし） 역사
- ☐ お寺（てら） 절
- ☐ 国宝（こくほう） 국보
- ☐ 史跡（しせき） 사적
- ☐ 遺跡（いせき） 유적
- ☐ 宮殿（きゅうでん） 궁전

□ 古都 옛 수도

□ 屋敷 저택

□ 撮影地 촬영지

□ 市場 시장

□ 繁華街 번화가

□ 屋台 포장마차

□ 韓定食 한정식

□ 老舗 노포, 전통 있는 유명한 가게

□ レンタルショップ 렌털 숍, 대여점

□ チムジルバン 찜질방

□ サウナ 사우나

□ 蒸し風呂 한증막

□ あかすり 때밀이

□ 申し込み 신청

□ 休館日 휴관일

□ 団体割引き 단체 할인

□ 割引券 할인권

□ 前売り券 예매권

□ 当日券 당일권

□ 一日券 일일권

□ ガイドブック 가이드북

□ ビザなし 무 비자

□ 開館時間 개관 시간

□ 営業時間 영업 시간

□ 休館 휴관

□ 撮影禁止 촬영 금지

□ 集合場所 집합 장소

□ 公演 공연

□ 入場料 입장료

□ 料金 요금

□ 割り勘 각자 부담

□ おかわり 같은 음식을 더 먹음, 또는 그 음식

□ 食べ放題 뷔페, (정해진 시간 안에) 무한정 먹는 것

□ 飲み放題 (정해진 시간 안에) 무한정 마시는 것

□ 通訳する 통역하다

□ 展示する 전시하다

□ 見学する 견학하다

□ 見物する 구경하다

□ 待ち合わせる

(시간과 장소를) 약속하여 만나기로 하다

부록

본문 해석

Part 1 항공 서비스

제1과 탑승
짐은 여기에 올려 주십시오.

<체크인 카운터에서>

카운터	여권과 티켓을 부탁드립니다.
승객	아, 이거면 됩니까?
카운터	네, 감사합니다.
	나카야마 도루 님, 서울항공 923편, 인천행이시군요.
승객	네.
카운터	좌석은 창 측과 통로 측, 어느 쪽으로 하시겠습니까?
승객	음, 글쎄요. 통로 측으로 부탁합니다.
카운터	네, 알겠습니다. 맡기실 짐은 몇 개 있습니까?
승객	하나입니다.
카운터	보조 배터리나 깨지기 쉬운 물건은 없습니까?
승객	네, 없습니다.
카운터	그럼, 짐은 여기에 올려 주십시오.
승객	네, 알겠습니다.

....

카운터	많이 기다리셨습니다.
	이것이 탑승권과 짐 교환증입니다.
승객	감사합니다.

<탑승 안내 방송>

서울항공에서 안내 말씀드립니다. 서울항공 923편, 인천으로 출발하시는 손님께서는 3번 탑승구에서 탑승하여 주십시오.

<좌석 안내>

승무원	어서 오십시오. 탑승권을 확인하겠습니다.
승객	네.
승무원	자, 이쪽에서. 안쪽으로 들어가 주십시오.

제2과 이륙
이것은 입국카드와 세관신고서입니다.

<이륙 직전의 기내 방송>

여러분, 오늘은 서울항공을 이용해 주셔서 대단히 감사합니다. 이 비행기는 서울행 923편입니다. 기장은 다나카, 저는 객실 담당 스즈키입니다. 인천국제공항까지는 약 1시간 40분을 예정하고 있습니다. 그럼 여러분, 비행기 여행을 편안히 즐겨 주십시오.

....

이 비행기는 곧 이륙합니다. 좌석 벨트를 단단히 매 주십시오. 또한 기내에서의 흡연은 법률로 엄격히 금지되어 있으니, 삼가 주십시오.

<이륙 직후의 기내 방송>

지금 막 벨트 사인이 꺼졌습니다만, 비행 중에는 갑자기 흔들리는 일이 있으니, 좌석에 앉아 계실 때는 좌석 벨트를 매 주십시오.

<입국카드와 세관신고서>

승무원	손님, 입국 서류는 가지고 계십니까?
승객	아니요.
승무원	이것은 입국카드와 세관신고서입니다.
승객	감사합니다. 입국카드와 세관신고서는 한 사람당 한 장입니까?
승무원	세관신고서는 가족당 한 장으로도 괜찮습니다만, 입국카드는 각자 기입해 주십시오.
승객	네, 알겠습니다.

제3과 기내 서비스와 착륙
음료는 무엇으로 하시겠습니까?

승무원   손님, 식사입니다. 식사는 소고기 요리와 닭고기 요리가 있습니다만, 어느 것으로 하시겠습니까?

승객   아, 글쎄요. 그럼, 닭고기 요리로 하겠습니다.

승무원   네, 알겠습니다. 음료는 무엇으로 하시겠습니까? 커피와 차가 있습니다만.

승객   그럼, 커피를 부탁합니다.

승무원   네, 여기 있습니다. 뜨거우니 주의하십시오.

<기내 판매 방송>

여러분, 안내 말씀드리겠습니다. 지금부터 면세품 판매를 시작하겠습니다. 찾으시는 상품이 있으면, 가까이에 있는 객실 승무원에게 요청해 주십시오.

....

안내 말씀드리겠습니다. 이제 곧 면세품 판매를 종료하겠습니다. (구매를) 희망하시는 분은 조금 서둘러서 객실 승무원에게 알려 주십시오.

<착륙 직전의 기내 방송>

이 비행기는 지금부터 약 20분 후, 인천국제공항에 도착할 예정입니다. 지금 시각은 오후 1시 20분, 날씨는 맑음, 기온은 19도입니다. 벨트 착용 사인이 점등되면, 좌석 벨트를 단단히 매 주십시오. 또한, 사용하신 테이블과 좌석 등받이를 원래 위치로 돌려 주십시오.

<착륙 직후의 기내 방송>

여러분, 이 비행기는 인천국제공항에 착륙했습니다. 벨트 착용 사인이 꺼질 때까지, 좌석 벨트를 매신 채로 잠시 기다려 주십시오. 지금부터 전파가 발생하는 전자기기는 사용하실 수 있지만, 휴대전화 통화는 주변 손님께 폐가 되므로 삼가 주십시오.

....

지금 막 이 비행기는 정지했습니다. 잊으신 물건이 없도록, 확인해 주십시오. 또한, 위의 선반을 여실 때에는 짐이 미끄러져 나올 우려가 있으니, 주의하여 주십시오. 오늘은 서울항공을 이용해 주셔서 대단히 감사드립니다.

Part 2 호텔 서비스

제4과 객실 예약
숙박하시는 분은 몇 분이십니까?

예약 담당   감사합니다. 서울호텔의 객실 예약 담당입니다.

손님   저, 숙박 예약을 하고 싶은데요.

예약 담당   네, 언제부터의 예약입니까?

손님   3월 8일부터 2박으로 부탁합니다.

예약 담당   알겠습니다. 숙박하시는 분은 몇 분이십니까?

손님   어른 두 명입니다.

예약 담당   네, 두 분이시군요. 방 타입은 어떻게 하시겠습니까?

손님   트윈룸으로 부탁합니다. 그리고 금연실로 부탁할 수 있을까요?

예약 담당   네, 알겠습니다. 조식은 어떻게 하시겠습니까?

손님   그럼, 조식도 부탁합니다.

예약 담당   알겠습니다. 그럼, 성함과 연락처를 부탁드립니다.

손님   이시하라 사토미라고 합니다. 전화번호는 090-1234-5678입니다.

예약 담당   감사합니다. 그럼, 예약을 확인하겠습니다. 이시하라 님, 3월 8일부터 2박, 조식 포함 트윈룸으로 괜찮으십니까?

손님   네, 부탁합니다.

예약 담당   당일 체크인은 3시 이후로 되어 있으니, 양해해 주십시오.

손님   네, 알겠습니다.

예약 담당   예약 감사드립니다. 방문을 기다리고 있겠습니다.

제5과 체크인

여권을 보겠습니다.

<프런트에서>

프런트　어서 오십시오.

손님　예약한 이시하라 사토미입니다. 체크인을 부탁합니다.

프런트　지금 찾아 보겠으니, 잠시 기다려 주십시오.

....

프런트　오래 기다리셨습니다. 오늘부터 2박으로, 두 분이시군요.

손님　네, 그렇습니다.

프런트　죄송합니다만, 여권을 보겠습니다.

손님　네, 여기요.

프런트　감사합니다.
　　　　여기에 성함과 주소, 전화번호를 기입해 주십시오.

손님　네.

프런트　손님, 여권 복사를 해도 괜찮겠습니까?

손님　네.

프런트　감사합니다. 계산은 선불로 되어 있습니다만.

손님　그럼, 신용카드로 부탁합니다.

프런트　알겠습니다.

....

프런트　오래 기다리셨습니다. 카드를 돌려드리겠습니다. 이것이 방 열쇠와 조식권입니다.

손님　감사합니다. 조식은 어디입니까?

프런트　조식은 2층 레스토랑입니다. 이용시간은 아침 7시부터 10시까지로 되어 있으니, 양해 바랍니다.

손님　네, 알겠습니다. 그리고 와이파이 비밀번호도 가르쳐 주실 수 있나요?

프런트　네, 와이파이 비밀번호는 객실 이용 안내서에 적혀 있으니, 참조해 주십시오. 또, 잘 모르시겠는 것이 있으면, 프런트로 연락해 주십시오.

손님　네, 감사합니다.

프런트　엘리베이터는 저쪽입니다. 편히 쉬십시오.

제6과 체크아웃

짐을 옮겨 주시겠습니까?

손님　여보세요.

프런트　안녕하십니까? 프런트입니다.

손님　저, 1602호실의 이시하라입니다. 지금부터 체크아웃하려고 합니다만, 짐을 옮겨 주시겠습니까?

프런트　네, 손님. 배기지 다운 서비스라면 벨 데스크에서 담당하고 있습니다. 지금 바로 담당자를 보내 드리겠으니, 방에서 잠시 기다려 주십시오.

<프런트에서>

프런트　안녕하십니까?

손님　체크아웃을 부탁합니다.

프런트　네, 1602호실 이시하라 님이시군요.

손님　네, 그렇습니다.

프런트　이시하라 님, 편히 쉬셨습니까?

손님　네, 방에서 한강이 보여서 너무 좋았습니다.

프런트　그건 정말 다행입니다.
　　　　그리고 미니바 사용은 없으십니까?

손님　네, 없습니다.

프런트　그럼, 정산이 끝나는 대로 불러 드리겠으니, 잠시 기다려 주십시오.

....

프런트　오래 기다리셨습니다. 이것이 영수증입니다. 이번에 저희 호텔을 이용해 주셔서 대단히 감사합니다. 다시 이용해 주실 것을 기다리고 있겠습니다.

Part 3 면세 서비스

제7과 식품 코너
자, 드셔 보세요.

점원　어서 오십시오.

손님　저기, 한국 여행선물이라면 어떤 것이 좋습
　　　니까?

점원　한국 김은 어떻겠습니까? 김은 가벼워서
　　　짐이 안 되기 때문에, 여행선물로 아주 인
　　　기가 있습니다. 자 드셔 보세요.

손님　와아! 맛있네요.

점원　김은 밥과 함께 드시는 것도 좋지만, 술안
　　　주로도 권해 드립니다.

손님　아, 그런가요? 이것은 얼마죠?

점원　10달러입니다.

손님　그럼, 이걸로 하겠습니다. 다른 뭔가 추천
　　　하실 것은 있나요?

점원　김치는 어떻겠습니까?

손님　글쎄요. 김치도 사고 싶지만, 냄새가 걱정
　　　이라서….

점원　진공포장이 되어 있으니, 걱정하지 마십시
　　　오.

손님　아, 그래요? 잘 됐네요. 그럼 김치도 한 개
　　　주세요. 전부 해서 얼마입니까?

점원　10달러짜리 김이 하나, 12달러짜리 김치
　　　가 하나여서 합계 22달러입니다.
　　　계산은 이쪽입니다. 이쪽으로 오십시오.

손님　네.

점원　쇼핑카드를 봐도 되겠습니까?

손님　쇼핑카드라면 이건가요?

점원　네, 그렇습니다. 계산은 어떻게 하시겠습니
　　　까?

손님　신용카드, 쓸 수 있습니까?

점원　네, 괜찮습니다.

손님　그럼, 이 카드로 부탁합니다.

점원　카드를 받았습니다. 여기에 사인을 부탁드
　　　립니다.

손님　네, 여기지요?

점원　네. 카드를 돌려 드리겠습니다. 구매해 주
　　　셔서 감사합니다. 또 오십시오.

제8과 가방 코너
구매해 주셔서 감사합니다.

점원　어서 오십시오. 무엇인가 찾으십니까?

손님　네, 저기 검은 가방을 보여줄 수 있나요?

점원　알겠습니다. 지금 바로 가져오겠습니다.
　　　이 비즈니스 가방이지요?

손님　네, 그렇습니다.

점원　자, 괜찮으시다면 손에 들고 보십시오.

손님　이 가방의 소재는 무엇인가요?

점원　소가죽입니다. 소가죽은 견고해서, 쓰면 쓸
　　　수록 고운 광택이 납니다.

손님　아주 좋군요.

점원　요즘 젊은 사람에게 아주 인기가 있는 상
　　　품입니다.

손님　그래요? 그럼, 이걸로 할게요. 얼마인가요?

점원　320달러입니다. 계산은 어떻게 하시겠습
　　　니까?

손님　일본 엔으로 부탁합니다.
　　　그리고 이 할인 쿠폰, 여기에서 쓸 수 있다
　　　고 들었는데요.

점원　네, 여기에서 쓰실 수 있습니다.
　　　쿠폰을 사용하시면 32,800엔이 됩니다.

손님　그럼, 이것으로 부탁합니다.

점원　감사합니다. 40,000엔 받았습니다.
　　　여권과 항공권을 봐도 될까요?

손님　네.

점원　(손님의 성함, 여권 번호, 비행기 편명, 출국일과
　　　전화번호를 입력한다)
　　　많이 기다리셨습니다. 먼저, 여권과 항공권
　　　을 돌려 드리겠습니다. 그리고 이것이 거스
　　　름 돈입니다.

손님　네, 감사합니다.

점원　이것은 상품 교환권과 영수증입니다. 상품은 인천국제공항의 30번 게이트 건너편에 있는 인도장에서 받아 주십시오.

손님　알겠습니다.

점원　구매해 주셔서 감사합니다.
　　　또 방문해 주시길 기다리겠습니다.

제9과　화장품 코너

손님께서 사용하시는 겁니까?

손님　저기요. 립스틱을 사고 싶은데요.

점원　립스틱은 이쪽에 있습니다. 손님께서 사용하시는 겁니까? 아니면 선물용입니까?

손님　선물입니다.

점원　사용하실 분의 연령을 여쭤도 괜찮겠습니까?

손님　저기, 20대입니다만.

점원　그럼, 이 립스틱 세트는 어떻습니까? 젊은 분에게 아주 인기가 있습니다. 게다가 세 개들이 세트는 단품보다 10% 정도 저렴하게 되어 있어서 사시면 득이 됩니다.

손님　아, 그래요? 그럼 세 개들이 세트로 하겠습니다.

점원　감사합니다. 곧 가져오겠으니, 조금만 기다려 주십시오.

....

점원　오래 기다리셨습니다. 구매하신 상품은 이것으로 괜찮으시겠습니까?

손님　네.

점원　계산은 현금으로 하시겠습니까? 카드로 하시겠습니까?

손님　현금으로 부탁합니다. 일본 엔화로 얼마입니까?

점원　엔으로 6,540엔이 됩니다. 여권을 보여주시겠습니까?

손님　네.

점원　감사합니다. 6,540엔, 정확하게 받았습니다. 이쪽이 영수증이고 이쪽은 교환권입니다.

교환권 뒤쪽에 인도장 약도가 있으니, 참조해 주시기 바랍니다.

손님　알겠습니다.

점원　구매해 주셔서 감사합니다.

Part 4 관광 서비스

제10과　경복궁

오늘의 스케줄에 대해 안내해 드리겠습니다.

<호텔 로비에서>

가이드　여러분, 인사드리겠습니다. 저는 가이드를 맡은 김민호라고 합니다. 잘 부탁드립니다. 먼저, 오늘의 스케줄에 대해 안내해 드리겠습니다. 오전 중에는 경복궁과 북촌한옥마을 투어를 한 다음, 오후에는 남대문시장에서 쇼핑을 즐기시겠습니다.

<걸으면서>

가이드　저쪽에 보이는 것이 경복궁의 정문인 광화문입니다.

손님　아아, 광화문이 경복궁의 정문이었군요.

가이드　네, 그렇습니다. 그럼, 광화문을 지나서 안으로 들어가 봅시다.

<경복궁 안에서>

가이드　여러분, 이쪽에 보이는 것이 경복궁입니다. 서울에는 5대 궁이라고 하여, 다섯 개의 큰 궁전이 있습니다. 경복궁은 그중에서 가장 오래되고, 규모도 제일 큰 곳입니다.

손님　아, 경복궁이 제일 크군요.

손님　그런데, 저것은 혹시 한국의 전통 의상입니까?

가이드　네, 그렇습니다. 저것은 치마저고리라는 한국의 전통 의상입니다.

손님　치마저고리는 (색상이)선명해서 정말 예쁘네요.

가이드　손님, 모처럼이니까, 치마저고리를 체험해 보시면 어떻겠습니까?

손님　좋네요. 한번 입어 보고 싶습니다. 그럼, 부탁합니다.

·························

가이드　우와! 멋지네요. 잘 어울립니다. 사진을 찍어드릴까요?

손님　그럼, 부탁합니다.

가이드　네, 치즈.

손님　감사합니다. 정말로 좋은 추억이 되었습니다.

제11과　인사동

한번 마셔 보려고 했었습니다.

<호텔 로비에서>

가이드　오늘 스케줄은 서울거리 걷기투어입니다. 먼저 한국의 대표적인 번화가인 인사동 둘러보기부터 시작하겠습니다. 인사동은 조계사라는 절을 중심으로 해서 생긴 거리입니다.

<인사동에서>

가이드　저쪽에 보이는 것이 인사동의 중심 거리입니다.
서울에는 몇 군데인가의 골동품거리가 있습니다만, 가장 유명한 곳이 인사동입니다. 옛날에는 100채에 가까운 가게가 줄지어 있었지만, 지금은 전통적인 한옥과 현대풍 빌딩이 공존하고 있어서, 독특한 분위기를 자아내고 있습니다.

손님　그래요? 골동품거리인데도 젊은 사람도 꽤 많네요.

가이드　네. 최근 모던한 갤러리와 세련된 카페도 많이 생겨서, 젊은 사람들에게도 인기 있는 관광 명소가 되었습니다.

손님　과연 그렇군요. 전통과 현대가 공존하는 거리라는 거군요.

가이드　네, 그렇습니다. 뒷골목으로 들어가면, 한정식과 막걸리를 마실 수 있는 가게가 많이 있습니다. 괜찮으시다면, 막걸리 체험도 해 보시면 어떻겠습니까?

손님　좋네요. 한번 마셔 보려고 했었는데, 지금까지 기회가 없었습니다.

<중심거리에서>

손님　저쪽의 포장마차에서 팔고 있는 하얀 것은 무엇입니까?

가이드　저것은 한국의 전통적인 엿입니다.

손님　아아, 엿이었나요? 신기하군요.

·····························

손님　우와! 저쪽 가게에 고풍스러운 물건이 많이 진열되어 있네요.

가이드　네. 인사동에서는 민예품부터 수제 액세서리까지, 부담 없이 쇼핑할 수 있습니다.

손님　과연 한국의 대표적인 골동품거리라 할 만하군요.

가이드　그럼, 자유롭게 둘러 봐 주세요. 만약에 곤란한 점이 있으면, 기탄없이 전화해 주십시오. 그리고 식사는 전통 있는 한정식 가게로 안내하겠으니, 12시까지는 이 장소에 모여 주십시오.

<식당에서>

가게 사람　어서 오세요. 몇 분이십니까?

손님　세 명입니다.

가게 사람　세 분이시군요. 이쪽으로 오세요. 메뉴는 여기 있습니다.

손님　이 가게의 추천 메뉴는 무엇입니까?

가게 사람　저희는 한정식이 메인입니다.

손님　그럼, 한정식을 3인분 주세요.

가게 사람　알겠습니다.

제12과 한국민속촌

기념으로 사진을 찍어 보면 어떻겠습니까?

<호텔 로비에서>

가이드 오늘 스케줄은 한국민속촌 관광입니다.

손님 서울에서 민속촌까지는 어느 정도 걸립니까?

가이드 글쎄요. 호텔에서 편도 두 시간이고, 왕복 네 시간 정도입니다.

손님 민속촌에서 가장 가까운 역은 어디입니까?

가이드 수원역입니다. 수원역에서 버스로 갈아타고 50분 정도 걸립니다. 그럼 슬슬 출발하겠습니다.

<한국민속촌에서>

가이드 입장권을 사오겠으니 잠시 기다려 주십시오.

손님 입장료는 얼마입니까?

가이드 어른은 22,000원이고, 어린이는 17,000원입니다.

·······························

손님 여기는 꽤 넓군요.

가이드 네. 30만 평이나 됩니다. 이 광대한 부지에는 조선시대의 가옥을 전시하고 있어서, 한국인은 물론 외국인도 많이 찾는 관광 명소가 되어 있습니다.

손님 아주 멋진 저택이군요.

가이드 여기는 영화나 드라마 촬영지로도 유명합니다. 기념으로 사진을 찍어 보시면 어떨까요?

손님 좋네요. 부탁드립니다.

<식당에서>

손님 아, 배고파. 메뉴는 어떤 것이 있나요? 저는 매운 것은 잘 못 먹습니다만.

가이드 맵지 않은 것이라면, 비빔밥과 삼계탕을 추천합니다.

손님 비빔밥은 먹은 적이 있지만, 삼계탕이란 어떤 요리입니까?

가이드 한국인이 여름 타는 것을 해소하기 위해 먹는 대표적인 보양식입니다

손님 아, 그래요? 그럼, 저는 삼계탕으로 하겠습니다.

·······························

손님 양이 굉장히 많네요. 이 술은 뭐예요?

가이드 그것은 고려인삼주입니다. 꽤 독해요.

손님 아, 정말이네. 이거 독특하니까 아버지 선물로 사 갈까?

가이드 그렇군요. 선물로 좋아하실 거라고 생각합니다.

·······························

손님 우와! 진짜 맛있다. 몸이 따뜻해지네요. 이 김치도 맛있네요.
여기요. 김치 좀 더 주실 수 있나요?

가게 사람 네, 바로 가져다 드리겠습니다.

·······························

손님 계산 부탁합니다.

가게 사람 같이 하시나요? 따로 하시나요?

손님 따로 부탁합니다.

가게 사람 한 분당 18,000원입니다. 20,000원 받았습니다. 2,000원의 거스름돈입니다. 감사합니다.

문형 연습 정답 & 해석

Part 1 항공 서비스

제1과 탑승

1. 보기 식사를 가지고 오겠습니다.

① ご家族に１枚です。
가족당 한 장입니다.

② お茶でございます。
차입니다.

③ ご予算はどれくらいですか。
예산은 어느 정도입니까?

④ お手洗いはどこですか。
화장실은 어디입니까?

2. 보기 카탈로그는 시트 포켓에 있습니다.

① 紅茶もございます。
홍차도 있습니다.

② トイレは後ろの方にございます。
화장실은 뒤편에 있습니다.

③ イヤホンはこちらにございます。
이어폰은 이쪽에 있습니다.

④ ビールもございます。
맥주도 있습니다.

3. 보기 입국카드를 가지고 있지 않은 손님께서는 승무원에게 알려 주십시오.

① シートベルトを今一度ご確認ください。
좌석 벨트를 다시 한 번 확인해 주십시오.

② 日よけをお上げください。
차양을 올려 주십시오.

③ 税関申告書にご記入ください。
세관신고서에 기입해 주십시오.

④ お荷物は上の棚にお入れください。
짐은 위의 선반에 넣어 주십시오.

제2과 이륙

1. 보기 수하물 찾는 곳은 7번입니다.

① 乗り継ぎは２階でございます。
환승은 2층입니다.

② 入国審査はあちらでございます。
입국 심사는 저쪽입니다.

③ 搭乗口は２０番ゲートでございます。
탑승구는 20번 게이트입니다.

④ お客様のお座席はあちらの通路側でございます。
손님 좌석은 저쪽 통로 측입니다.

2. 보기 따뜻한 음료도 준비되어 있습니다.

① 宅配サービスの受付をしております。
택배 서비스 접수를 하고 있습니다.

② ただ今、富士山の上空を通過しております。
현재, 후지산 상공을 통과하고 있습니다.

③ 当機は仁川国際空港に向かっております。
이 비행기는 인천국제공항으로 향하고 있습니다.

④ 関西国際空港までは約１時間を予定しております。
간사이국제공항까지는 약 한 시간을 예정하고 있습니다.

3. 보기 항공권을 가지고 계십니까?

① お持ち帰りですか。/
お持ち帰りでしょうか。
가져가시겠습니까?

② 何かお探しですか。/
何かお探しでしょうか。
무엇인가 찾으십니까?

③ お食事はお済みですか。/
お食事はお済みでしょうか。
식사는 끝나셨습니까?

④ どちらのお席をご希望ですか。/
どちらのお席をご希望でしょうか。
어느 쪽 좌석을 희망하십니까?

제3과 기내 서비스와 착륙

1. 보기 커피와 홍차가 있습니다만, 어느 것으로 하시겠습니까?

① ビーフとチキンがございますが、どちらになさいますか。
소고기와 닭고기가 있습니다만, 어느 것으로 하시겠습니까?

② 赤ワインと白ワインがございますが、どちらになさいますか。
레드 와인과 화이트 와인이 있습니다만, 어느 것으로 하시겠습니까?

③ オレンジジュースとコーラがございますが、どちらになさいますか。
오렌지주스와 콜라가 있습니다만, 어느 것으로 하시겠습니까?

④ この商品は単品とセットがございますが、どちらになさいますか。
이 상품은 단품과 세트가 있습니다만, 어느 것으로 하시겠습니까?

2. 보기 곧 착륙하오니, 좌석 벨트를 매 주십시오.

① 暗いですので、足下にご注意ください。
어두우니, 발밑을 주의하십시오.

② すぐお持ちいたしますので、少々お待ちください。
바로 가져오겠사오니, 잠시 기다려 주십시오.

③ ご案内いたしますので、こちらへどうぞ。
안내해 드리겠사오니, 이쪽으로 오십시오.

④ まもなく離陸いたしますので、お急ぎください。
곧 이륙하오니, 서둘러 주십시오.

3. 보기 와인을 드시겠습니까?

① お荷物をお預けになりますか。
짐을 맡기시겠습니까?

② いつまでお泊まりになりますか。
언제까지 묵으시겠습니까?

③ 毛布をご利用になりますか。
담요를 이용하시겠습니까?

④ いつご出発になりますか。
언제 출발하시겠습니까?

Part 2 호텔 서비스

제4과 객실 예약

1. 보기 몇 분이십니까?

① 団体様でいらっしゃいますか。
단체 손님이십니까?

② 代表の方でいらっしゃいますか。
대표자이십니까?

③ ご一行様でいらっしゃいますか。
일행분이십니까?

④ ご予約のお客様でいらっしゃいますか。
예약하신 손님이십니까?

2. 보기 트윈룸, 부탁드려도 될까요?

① 胡椒、お願いできますか。
후추, 부탁드려도 될까요?

② 取り皿、お願いできますか。
앞접시, 부탁드려도 될까요?

③ ルームサービス、お願いできますか。
룸 서비스, 부탁드려도 될까요?

4 モーニングコール、お願（ねが）いできますか。
모닝콜, 부탁드려도 될까요?

3. 보기 계산은 어떻게 하시겠습니까?

1 朝食（ちょうしょく）はいかがなさいますか。
조식은 어떻게 하시겠습니까?

2 ご注文（ちゅうもん）はいかがなさいますか。
주문은 어떻게 하시겠습니까?

3 お飲（の）み物（もの）はいかがなさいますか。
음료는 어떻게 하시겠습니까?

4 ステーキの焼（や）き加減（かげん）はいかがなさいますか。
스테이크의 굽는 정도는 어떻게 하시겠습니까?

제5과 체크인

1. 보기 점심 식사를 준비해 드리겠습니다.

1 お荷物（にもつ）を空港（くうこう）まで送（おく）らせていただきます。
짐을 공항까지 보내 드리겠습니다.

2 メールで回答（かいとう）させていただきます。
메일로 회답해 드리겠습니다.

3 ご予約（よやく）を確認（かくにん）させていただきます。
예약을 확인해 드리겠습니다.

4 送迎（そうげい）サービスをさせていただきます。
송영 서비스를 해 드리겠습니다.

2. 보기 에어컨이 켜져 있습니다.

1 ロビーに自動販売機（じどうはんばいき）が設置（せっち）してあります。
로비에 자동판매기가 설치되어 있습니다.

2 ミニバーにおつまみが置（お）いてあります。
미니바에 마른 안주가 놓여 있습니다.

3 ドアに非常口（ひじょうぐち）の位置（いち）が書（か）いてあります。
문에 비상구 위치가 적혀 있습니다.

4 冷蔵庫（れいぞうこ）にお水（みず）が入（い）れてあります。
냉장고에 물이 들어 있습니다.

3. 보기 조식은 7시부터 9시까지로 되어 있으니 양해해 주시기 바랍니다.

1 ご宿泊（しゅくはく）は先払（さきばら）いとなっておりますので、ご了承（りょうしょう）ください。

숙박은 선불로 되어 있으니, 양해해 주시기 바랍니다.

2 月曜日（げつようび）は定休日（ていきゅうび）となっておりますので、ご了承（りょうしょう）ください。

월요일은 정기휴일로 되어 있으니, 양해해 주시기 바랍니다.

3 館内（かんない）での撮影（さつえい）は禁止（きんし）となっておりますので、ご了承（りょうしょう）ください。

관내에서의 촬영은 금지되어 있으니, 양해해 주시기 바랍니다.

4 チェックアウトは10時（じ）までとなっておりますので、ご了承（りょうしょう）ください。

체크아웃은 10시까지로 되어 있으니, 양해해 주시기 바랍니다.

제6과 체크아웃

1. 보기 어댑터를 빌려 주시겠습니까?

1 伝言（でんごん）を伝（つた）えてもらえますか。
전언을 전해 주시겠습니까?

2 荷物（にもつ）を預（あず）かってもらえますか。
짐을 보관해 주시겠습니까?

3 領収書（りょうしゅうしょ）を発行（はっこう）してもらえますか。
영수증을 발행해 주시겠습니까?

4 荷物（にもつ）を運（はこ）んでもらえますか。
짐을 옮겨 주시겠습니까?

2. 보기 택배라면, 프런트에서 담당하고 있습니다.

1 両替（りょうがえ）でしたら、フロントにて承（うけたまわ）っております。
환전이라면, 프런트에서 담당하고 있습니다.

② ファックスでしたら、ビジネスセンターにて 承 っております。
팩스라면, 비즈니스 센터에서 담당하고 있습니다.

③ 荷物のお預けでしたら、ベルデスクにて 承 っております。
짐 보관이라면, 벨 데스크에서 담당하고 있습니다.

④ バイキングのご予約でしたら、スカイラウンジにて 承 っております。
뷔페 예약이라면, 스카이라운지에서 담당하고 있습니다.

3. 보기 원인이 밝혀지는 대로 알려 드리겠습니다.

① 宅配が届き次第、お伝えいたします。
택배가 도착하는 대로 전달해 드리겠습니다.

② 清掃が終わり次第、ご連絡いたします。
청소가 끝나는 대로 연락드리겠습니다.

③ お忘れ物が見つかり次第、お電話いたします。
분실물이 발견되는 대로 전화드리겠습니다.

④ クリーニングが出来上がり次第、お届けいたします。
드라이클리닝이 다 되는 대로 보내 드리겠습니다.

Part 3 면세 서비스

제7과 식품 코너

1. 보기 드셔 보십시오.

① お試しになってみてください。
시험해 보십시오.

② お使いになってみてください。
사용해 보십시오.

③ ご覧になってみてください。
봐 보십시오.

④ ご利用になってみてください。
이용해 보십시오.

2. 보기 걱정하지 말아 주십시오.

① お気になさらないでください。
신경 쓰지 말아 주십시오.

② お気遣いなさらないでください。
염려하지 말아 주십시오.

③ ご無理なさらないでください。
무리하지 말아 주십시오.

④ ご遠慮なさらないでください。
사양하지 말아 주십시오.

3. 보기 여쭤 봐도 되겠습니까?

① お下げしてもよろしいでしょうか。
치워도 되겠습니까?

② お邪魔してもよろしいでしょうか。
찾아뵈어도 되겠습니까?

③ お預かりしてもよろしいでしょうか。
맡아도 되겠습니까?

④ お願いしてもよろしいでしょうか。
부탁드려도 되겠습니까?

제8과 가방 코너

1. 보기 괜찮으시다면, 사용해 주십시오.

① よろしければ、お持ち帰りください。
괜찮으시다면, 가져가십시오.

② よろしければ、お受け取りください。
괜찮으시다면, 받아 주십시오.

③ よろしければ、ご連絡ください。
괜찮으시다면, 연락해 주십시오.

④ よろしければ、ご利用ください。
괜찮으시다면, 이용해 주십시오.

2. 보기 면세점에서 사용할 수 있다고 들었는데요.

① 払い戻しができるって聞いたんですが。
환불이 된다고 들었는데요.

2 ここで交換できるって聞いたんですが。
여기에서 교환할 수 있다고 들었는데요.

3 この商品は半額って聞いたんですが。
이 상품은 반값이라고 들었는데요.

4 免税店は年中無休って聞いたんですが。
면세점은 연중무휴라고 들었는데요.

3. 보기 방문해 주셔서, 대단히 감사합니다.

1 ご協力いただき、誠にありがとうございました。
협력해 주셔서, 대단히 감사합니다.

2 ご注文いただき、誠にありがとうございました。
주문해 주셔서, 대단히 감사합니다.

3 お買い上げいただき、誠にありがとうございました。
구입해 주셔서, 대단히 감사합니다.

4 お問い合わせいただき、誠にありがとうございました。
문의해 주셔서, 대단히 감사합니다.

제9과 화장품 코너

1. 보기 어디까지 가십니까?

1 お客様が使われますか。
손님께서 사용하실 겁니까?

2 どちらで受け取られますか。
어디에서 받으시겠습니까?

3 マイレージで購入されますか。
마일리지로 구입하시겠습니까?

4 他の商品に交換されますか。
다른 상품으로 교환하시겠습니까?

2. 보기 찾으시는 물품

1 お好みの色
좋아하시는 색상

2 お使いの品
사용하시는 물품

3 お望みのスタイル
원하시는 스타일

4 ご利用の方
이용하시는 분

3. 보기 여권을 보여 주시겠습니까?

1 今日の為替相場を教えていただけますか。
오늘의 환율을 알려 주시겠습니까?

2 ご住所も書いていただけますか。
주소도 써 주시겠습니까?

3 お電話番号を教えていただけますか。
전화번호를 알려 주시겠습니까?

4 もう一度おっしゃっていただけますか。
한 번 더 말씀해 주시겠습니까?

Part 4 관광 서비스

제10과 경복궁

1. 보기 부탁드리겠습니다.

1 お待ち申し上げます。
기다리겠습니다.

2 お知らせ申し上げます。
알려 드리겠습니다.

3 ご紹介申し上げます。
소개해 드리겠습니다.

4 ご連絡申し上げます。
연락드리겠습니다.

2. 보기 가게까지 안내해 드리겠습니다.

1 使い方をご説明します。 /
使い方をご説明いたします。
사용법을 설명해 드리겠습니다.

② パンフレットをお配りします。/

パンフレットをお配りいたします。
팸플릿을 나누어 드리겠습니다.

③ お荷物をお持ちします。/

お荷物をお持ちいたします。
짐을 들어 드리겠습니다.

④ お土産をお送りします。/

お土産をお送りいたします。
선물을 보내 드리겠습니다.

3. 보기 가이드님에게 안내받았습니다.

① お客様に誉められました。
손님에게 칭찬받았습니다.

② 外国人に道を聞かれました。
외국인이 (나에게) 길을 물었습니다.

③ みんなに愛されました。
모두에게 사랑받았습니다.

④ 鈴木さんに紹介されました。
스즈키 씨에게 소개받았습니다.

제11과 인사동

1. 보기 내일 돌아가려고 했었습니다.

① 仁寺洞でお土産を買おうと思っていたん
です。
인사동에서 선물을 사려고 했었습니다.

② 団体写真を撮ろうと思っていたんです。
단체 사진을 찍으려고 했었습니다.

③ ソウルの夜景を見ようと思っていたんです。
서울 야경을 보려고 했었습니다.

④ 遊覧船に乗ろうと思っていたんです。
유람선을 타려고 했었습니다.

2. 보기 과연 미식가라고 불릴 만하군요.

① さすが時間を割いて行ってみるだけのこ
とはありますね。
과연 시간을 내서 가 볼 만하군요.

② さすが1時間並んで食べるだけのことは
ありますね。
과연 한 시간 줄 서서 먹을 만하군요.

③ さすが韓牛は高いお金を出すだけのこと
はありますね。
과연 한우는 비싼 돈을 낼 만하군요.

④ さすがソウルの観光スポットと言われる
だけのことはありますね。
과연 서울의 관광 명소라고 불릴 만하군요.

3. 보기 사양 말고 팸플릿을 집어가십시오.

① ご遠慮なくお持ち帰りください。
사양 말고 가져가십시오.

② どうぞ、ご遠慮なくお問い合わせください。
아무쪼록 기탄없이 문의해 주십시오.

③ 何なりとご遠慮なくお申し付けください。
무엇이든 기탄없이 분부해 주십시오.

④ ご不明な点がございましたら、ご遠慮な
くご質問ください。
불분명한 점이 있으면, 기탄없이 질문해 주십
시오.

제12과 한국민속촌

1. 보기 비빔밥은 물론, 지짐이도 맛있습니다.

① 味はもちろん、見た目もいいです。
맛은 물론, 보기에도 좋습니다.

② 昼間の景色はもちろん、夜景もすばらし
いです。
낮 풍경은 물론, 야경도 멋집니다.

③ お肉はもちろん、飲み物もお替わり自由
です。
고기는 물론, 음료도 자유롭게 더 드실 수 있습니다.

④ 韓国人はもちろん、外国からの観光客も
多いです。
한국인은 물론, 외국에서 오신 관광객도 많습니다.

2. 보기 에스테틱을 받아 보시면 어떻겠습니까?

① 展望台に登ってみてはいかがでしょうか。
전망대에 올라가 보시면 어떻겠습니까?

② 韓国の伝統茶を飲んでみてはいかがでし
ょうか。
한국전통차를 마셔 보시면 어떻겠습니까?

③ 漢江で遊覧船に乗ってみてはいかがでし
ょうか。
한강에서 유람선을 타 보시면 어떻겠습니까?

④ ソウルシティツアーバスを利用してみて
はいかがでしょうか。
서울 시티 투어버스를 이용해 보시면 어떻겠습니까?

3. 보기 에스테틱이라면 한방 에스테틱을 추천합니다.

① 博物館なら国立中央博物館がお勧めです。
박물관이라면 국립중앙박물관을 추천합니다.

② 韓国のお土産なら岩海苔がお勧めです。
한국 여행 선물이라면 돌김을 추천합니다.

③ ショッピングなら東大門市場がお勧めです。
쇼핑이라면 동대문시장을 추천합니다.

④ お茶なら高麗人参茶がお勧めです。
차라면 고려인삼차를 추천합니다.

회화 연습 정답 & 해석

Part 1 항공 서비스

제1과 탑승

1. 보기
> 카운터 손님, 짐은 하나입니까?
> 승객 네, 그렇습니다.
> 카운터 깨지기 쉬운 물건은 없습니까?
> 승객 네, 없습니다.

1 カウンター お客様、仁川までですか。
> 乗客 はい、そうです。
> カウンター かばんの中にライターや補助バッテリーなどはございませんか。
> 乗客 はい、ありません。

> 카운터 손님, 인천까지입니까?
> 승객 네, 그렇습니다.
> 카운터 가방 안에 라이터나 보조 배터리 등은 없습니까?
> 승객 네, 없습니다.

2 カウンター お客様、お二人様ですか。
> 乗客 はい、そうです。
> カウンター ナイフ等の危険物はございませんか。
> 乗客 はい、ありません。

> 카운터 손님, 두 분이십니까?
> 승객 네, 그렇습니다.
> 카운터 칼과 같은 위험물은 없습니까?
> 승객 네, 없습니다.

3 カウンター お客様、お一人様ですか。
> 乗客 はい、そうです。
> カウンター お預けのお荷物はございませんか。
> 乗客 はい、ありません。

> 카운터 손님, 한 분이십니까?
> 승객 네, 그렇습니다.
> 카운터 맡기실 짐은 없습니까?
> 승객 네, 없습니다.

4 カウンター お客様、ソウル航空ははじめてですか。

乗客 はい、そうです。

カウンター 何かご不便なところはございませんか。

乗客 はい、ありません。

카운터 손님, 서울항공은 처음이십니까?
승객 네, 그렇습니다.
카운터 뭔가 불편한 점은 없습니까?
승객 네, 없습니다.

2. [보기] 승무원 손님, 좌석은 오른쪽입니다.
승객 아, 감사합니다.
승무원 좌석 번호를 한 번 더 확인해 주십시오.

1 乗務員 お客様、搭乗券でございます。

乗客 あ、どうも。

乗務員 ご搭乗の30分前までに、お越しください。

승무원 손님, 탑승권입니다.
승객 아, 감사합니다.
승무원 탑승 30분 전까지 와 주십시오.

2 乗務員 お客様、おしぼりでございます。

乗客 あ、どうも。

乗務員 熱いですので、ご注意ください。

승무원 손님, 물수건입니다.
승객 아, 감사합니다.
승무원 뜨거우니, 조심하십시오.

3 乗務員 お客様、トイレは後ろ側でございます。

乗客 あ、どうも。

乗務員 まもなく離陸いたしますので、お急ぎください。

승무원 손님, 화장실은 뒤쪽입니다.
승객 아, 감사합니다.
승무원 곧 이륙하오니, 서둘러 주십시오.

④ 乗務員　お客様、毛布でございます。

　　乗客　　あ、どうも。

　　乗務員　ごゆっくりおくつろぎください。

　　승무원　손님, 담요입니다.

　　승객　　아, 감사합니다.

　　승무원　느긋하게 편안히 쉬십시오.

제2과 이륙

1. 보기　승무원　뜨거운 커피 말입니까?

　　　　승객　　아, 네.

　　　　승무원　뜨거우니, 조심하십시오.

1. ①　乗務員　お客様のお荷物でございますか。

　　　乗客　　あ、はい。

　　　乗務員　お荷物は前の座席の下に、お入れください。

　　　승무원　손님 짐입니까?

　　　승객　　아, 네.

　　　승무원　짐은 앞 좌석 밑에 넣어 주십시오.

②　乗務員　おつまみでございますか。

　　乗客　　あ、はい。

　　乗務員　お持ちいたしますので、お待ちください。

　　승무원　마른 안주 말입니까?

　　승객　　아, 네.

　　승무원　가져다 드리겠사오니, 잠시 기다려 주십시오.

③　乗務員　入国カードでございますか。

　　乗客　　あ、はい。

　　乗務員　入国カードは各自、ご記入ください。

　　승무원　입국 카드 말입니까?

　　승객　　아, 네.

　　승무원　입국 카드는 각자 기입해 주십시오.

④　乗務員　お茶でございますか。

　　乗客　　あ、はい。

乗務員 こぼれやすいですので、ご注意ください。

승무원 차 말입니까?

승객 아, 네.

승무원 흘러넘치기 쉬우니, 주의해 주십시오.

2. 보기

승무원 손님, 부르셨습니까?

승객 에티켓 봉투는 있습니까?

승무원 네, 좌석 앞 시트 포켓에 들어 있습니다.

1

乗務員 お客様、お呼びでしょうか。

乗客 何か読み物はありますか。

乗務員 はい、新聞と雑誌をご用意しております。

승무원 손님, 부르셨습니까?

승객 뭔가 읽을거리는 있습니까?

승무원 네, 신문과 잡지를 준비해 두고 있습니다.

2

乗務員 お客様、お呼びでしょうか。

乗客 ラーメンはありますか。

乗務員 はい、ラーメンは別料金となっております。

승무원 손님, 부르셨습니까?

승객 라면은 있습니까?

승무원 네, 라면은 별도 요금으로 되어 있습니다.

3

乗務員 お客様、お呼びでしょうか。

乗客 免税品のカタログはありますか。

乗務員 はい、こちらのポケットの中に入っております。

승무원 손님, 부르셨습니까?

승객 면세품 카탈로그는 있습니까?

승무원 네, 이쪽 포켓 안에 들어 있습니다.

4

乗務員 お客様、お呼びでしょうか。

乗客 リモコンはありますか。

乗務員 はい、リモコンは画面の横に付いております。

승무원 손님, 부르셨습니까?

승객 리모컨은 있습니까?

승무원 네, 리모컨은 화면 옆에 붙어 있습니다.

제3과 기내 서비스와 착륙

1. [보기] 승무원 손님, 식사는 비빔밥과 샌드위치, 어느 것으로 하시겠습니까?
　　　　　승객　　비빔밥으로 하겠습니다.
　　　　　승무원 네, 알겠습니다.

①　乗務員　お客様、お飲み物はコーヒーとお茶と、どちらになさいますか。
　　　乗客　　コーヒーにします。
　　　乗務員　はい、かしこまりました。

　　　승무원 손님, 음료는 커피와 차, 어느 것으로 하시겠습니까?
　　　승객　　커피로 하겠습니다.
　　　승무원 네, 알겠습니다.

②　乗務員　お客様、ワインは赤と白と、どちらになさいますか。
　　　乗客　　赤ワインにします。
　　　乗務員　はい、かしこまりました。

　　　승무원 손님, 와인은 레드 와인과 화이트 와인, 어느 것으로 하시겠습니까?
　　　승객　　레드 와인으로 하겠습니다.
　　　승무원 네, 알겠습니다.

③　乗務員　お客様、お食事はビーフとチキンと、どちらになさいますか。
　　　乗客　　ビーフにします。
　　　乗務員　はい、かしこまりました。

　　　승무원 손님, 식사는 소고기와 닭고기, 어느 것으로 하시겠습니까?
　　　승객　　소고기로 하겠습니다.
　　　승무원 네, 알겠습니다.

④　乗務員　お客様、お座席は窓側と通路側と、どちらになさいますか。
　　　乗客　　通路側にします。
　　　乗務員　はい、かしこまりました。

　　　승무원 손님, 좌석은 창 측과 통로 측, 어느 쪽으로 하시겠습니까?
　　　승객　　통로 측으로 하겠습니다.
　　　승무원 네, 알겠습니다.

2. [보기] 승무원 곧 착륙하오니, 차양을 올려 주십시오.
　　　　　승객　　아, 네.
　　　　　승무원 협조해 주셔서 감사합니다.

1　乗務員　まもなく離陸いたしますので、お手洗いのご使用はご遠慮ください。

　　乗客　あ、はい。

　　乗務員　ご協力、ありがとうございます。

　　승무원　곧 이륙하오니, 화장실 사용은 삼가 주십시오.
　　승객　아, 네.
　　승무원　협조해 주셔서 감사합니다.

2　乗務員　まもなく着陸いたしますので、電子機器の電源をお切りください。

　　乗客　あ、はい。

　　乗務員　ご協力、ありがとうございます。

　　승무원　곧 착륙하오니, 전자기기의 전원을 꺼 주십시오.
　　승객　아, 네.
　　승무원　협조해 주셔서 감사합니다.

3　乗務員　まもなく離陸いたしますので、シートベルトをお締めください。

　　乗客　あ、はい。

　　乗務員　ご協力、ありがとうございます。

　　승무원　곧 이륙하오니, 좌석 벨트를 매 주십시오.
　　승객　아, 네.
　　승무원　협조해 주셔서 감사합니다.

4　乗務員　まもなく着陸いたしますので、背もたれを元の位置にお戻しください。

　　乗客　あ、はい。

　　乗務員　ご協力、ありがとうございます。

　　승무원　곧 착륙하오니, 등받이를 원래 위치로 되돌려 주십시오.
　　승객　아, 네.
　　승무원　협조해 주셔서 감사합니다.

Part 2 호텔

제4과 객실 예약

1. [보기]

손님 예약을 하고 싶은데요.
예약 담당 네, 숙박 일정은 정하셨습니까?
손님 저어, 8월 15일부터 2박으로, 두 명 부탁드려도 될까요?
예약 담당 네, 8월 15일부터 2박으로, 두 분이시군요. 알겠습니다.

1

お客 予約をしたいんですが。
予約係 はい、宿泊の日程はお決まりでしょうか。
お客 えーと、明日から一泊で、一人お願いできますか。
予約係 はい、明日から一泊で、一名様でいらっしゃいますね。かしこまりました。

손님 예약을 하고 싶은데요.
예약 담당 네, 숙박 일정은 정하셨습니까?
손님 저어, 내일부터 1박으로, 한 명 부탁드려도 될까요?
예약 담당 네, 내일부터 1박으로, 한 분이시군요. 알겠습니다.

2

お客 予約をしたいんですが。
予約係 はい、宿泊の日程はお決まりでしょうか。
お客 えーと、４月２９日から三泊で、三人お願いできますか。
予約係 はい、４月２９日から三泊で、三名様でいらっしゃいますね。かしこまりました。

손님 예약을 하고 싶은데요.
예약 담당 네, 숙박 일정은 정하셨습니까?
손님 저어, 4월 29일부터 3박으로, 세 명 부탁드려도 될까요?
예약 담당 네, 4월 29일부터 3박으로, 세 분이시군요. 알겠습니다.

3

お客 予約をしたいんですが。
予約係 はい、宿泊の日程はお決まりでしょうか。
お客 えーと、５月１５日から四泊で、四人お願いできますか。
予約係 はい、５月１５日から四泊で、四名様でいらっしゃいますね。かしこまりました。

손님 예약을 하고 싶은데요.
예약 담당 네, 숙박 일정은 정하셨습니까?
손님 저어, 5월 15일부터 4박으로, 네 명 부탁드려도 될까요?
예약 담당 네, 5월 15일부터 4박으로, 네 분이시군요. 알겠습니다.

4

お客 予約をしたいんですが。

予約係 はい、宿泊の日程はお決まりでしょうか。

お客 えーと、６月１６日から五泊で、五人お願いできますか。

予約係 はい、６月１６日から五泊で、五名様でいらっしゃいますね。かしこまりました。

손님 예약을 하고 싶은데요.

예약 담당 네, 숙박 일정은 정하셨습니까?

손님 저, 6월 16일부터 5박으로, 다섯 명 부탁드려도 될까요?

예약 담당 네, 6월 16일부터 5박으로, 다섯 분이시군요. 알겠습니다.

2. 보기

프런트 이쪽에 성함과 주소를 기입해 주십시오.

손님 네, 알겠습니다. 여기지요?

프런트 그리고 이쪽에 전화번호도 부탁드려도 될까요?

손님 아, 네. 이것으로 됐습니까?

2. **1**

フロント こちらにメールアドレスとケータイ番号をご記入ください。

お客 はい、わかりました。ここですね。

フロント それから、こちらにサインもお願いできますか。

お客 あ、はい。これでいいですか。

프런트 이쪽에 메일 주소와 휴대전화 번호를 기입해 주십시오.

손님 네, 알겠습니다. 여기지요?

프런트 그리고 이쪽에 사인도 부탁드려도 될까요?

손님 아, 네. 이것으로 됐습니까?

2

フロント こちらにお名前と生年月日をご記入ください。

お客 はい、わかりました。ここですね。

フロント それから、こちらに宿泊の人数もお願いできますか。

お客 あ、はい。これでいいですか。

프런트 이쪽에 성함과 생년월일을 기입해 주십시오.

손님 네, 알겠습니다. 여기지요?

프런트 그리고 이쪽에 숙박 인원수도 부탁드려도 될까요?

손님 아, 네. 이것으로 됐습니까?

3

フロント こちらにパスポートのナンバーと便名をご記入ください。

お客 はい、わかりました。ここですね。

フロント それから、こちらにご連絡先もお願いできますか。

お客 あ、はい。これでいいですか。

프런트　이쪽에 여권 번호와 편명을 기입해 주십시오.
손님　네, 알겠습니다. 여기지요?
프런트　그리고 이쪽에 연락처도 부탁드려도 될까요?
손님　아, 네. 이것으로 됐습니까?

4　フロント　こちらにお部屋番号と両替の金額をご記入ください。

　　お客　はい、わかりました。ここですね。

　　フロント　それから、こちらにご署名もお願いできますか。

　　お客　あ、はい。これでいいですか。

프런트　이쪽에 객실 번호와 환전 금액을 기입해 주십시오.
손님　네, 알겠습니다. 여기지요?
프런트　그리고 이쪽에 서명도 부탁드려도 될까요?
손님　아, 네. 이것으로 됐습니까?

제5과 체크인

1. 보기　손님　지금 예약 변경 가능합니까?
　　프런트　네, 바로 변경해 드리겠습니다.
　　손님　아, 감사합니다.

1　お客　今、サウナの利用できますか。

　　フロント　はい、ご利用の時間を確認させていただきます。

　　お客　あ、ありがとうございます。

　　손님　지금 사우나 이용 가능합니까?
　　프런트　네, 이용시간을 확인해 드리겠습니다.
　　손님　아, 감사합니다.

2　お客　今、コピーできますか。

　　フロント　はい、こちらでコピーさせていただきます。

　　お客　あ、ありがとうございます。

　　손님　지금 복사 가능합니까?
　　프런트　네, 여기에서 복사해 드리겠습니다.
　　손님　아, 감사합니다.

3　お客　今、注文できますか。

　　フロント　はい、メニューを用意させていただきます。

　　お客　あ、ありがとうございます。

손님 지금 주문 가능합니까?
프런트 네, 메뉴를 준비해 드리겠습니다.
손님 아, 감사합니다.

4 お客 今、タクシーの手配できますか。
フロント はい、ただ今手配させていただきます。
お客 あ、ありがとうございます。

손님 지금 택시 불러 줄 수 있습니까?
프런트 네, 곧 불러 드리겠습니다.
손님 아, 감사합니다.

2. [보기] 손님 저기, 공항까지 가고 싶습니다만.
벨맨 네, 손님. 지금 시간이라면 리무진 쪽이 빠를 것 같습니다만.
손님 아, 그렇습니까?
벨맨 네. 프런트에 리무진 시간표가 놓여 있으니, 이용해 주십시오.

1 お客 あのう、南大門市場まで行きたいんですが。
ベルマン はい、お客様。今の時間でしたら、タクシーの方が早いと思いますが。
お客 あー、そうですか。
ベルマン はい。フロントに観光案内パンフレットが置いてありますので、ご利用ください。

손님 저기, 남대문시장까지 가고 싶습니다만.
벨맨 네, 손님. 지금 시간이라면 택시 쪽이 빠를 것 같습니다만.
손님 아, 그렇습니까?
벨맨 네. 프런트에 관광 안내 팸플릿이 놓여 있으니, 이용해 주십시오.

2 お客 あのう、ロッテワールドまで行きたいんですが。
ベルマン はい、お客様。今の時間でしたら、地下鉄の方が早いと思いますが。
お客 あー、そうですか。
ベルマン はい。フロントに地下鉄の路線図が置いてありますので、ご利用ください。

손님 저기, 롯데월드까지 가고 싶습니다만.
벨맨 네, 손님. 지금 시간이라면 지하철 쪽이 빠를 것 같습니다만.
손님 아, 그렇습니까?
벨맨 네. 프런트에 지하철 노선도가 놓여 있으니, 이용해 주십시오.

3 お客 あのう、景福宮まで行きたいんですが。
ベルマン はい、お客様。今の時間でしたら、バスの方が早いと思いますが。
お客 あー、そうですか。

ベルマン　はい。フロントにソウル市内の案内図が置いてありますので、ご利用ください。

손님　저기, 경복궁까지 가고 싶습니다만.

벨맨　네, 손님. 지금 시간이라면 버스 쪽이 빠를 것 같습니다만.

손님　아, 그렇습니까?

벨맨　네. 프런트에 서울 시내 안내도가 놓여 있으니, 이용해 주십시오.

4　お客　あのう、ソウル免税店まで行きたいんですが。

ベルマン　はい、お客様。今の時間でしたら、徒歩の方が早いと思いますが。

お客　あー、そうですか。

ベルマン　はい。フロントに割引券が置いてありますので、ご利用ください。

손님　저기, 서울 면세점까지 가고 싶습니다만.

벨맨　네, 손님. 지금 시간이라면 도보 쪽이 빠를 것 같습니다만.

손님　아, 그렇습니까?

벨맨　네. 프런트에 할인권이 놓여 있으니, 이용해 주십시오.

제6과 체크아웃

1.　보기　손님　저기, 저녁 식사 예약은 어디에서 할 수 있을까요?

프런트　저녁 식사 예약이라면, 여기에서 담당하고 있습니다.

손님　마지막 주문은 몇 시까지입니까?

프런트　오후 10시까지입니다.

1　お客　あのう、浴衣の貸し出しはどこでできますか。

フロント　浴衣の貸し出しでしたら、こちらにて承っております。

お客　大浴場は何時までですか。

フロント　午後11時まででございます。

손님　저기, 유카타 대여는 어디에서 할 수 있을까요?

프런트　유카타 대여라면, 여기에서 담당하고 있습니다.

손님　온천탕은 몇 시까지입니까?

프런트　오후 11시까지입니다.

2　お客　あのう、予約のキャンセルはどこでできますか。

フロント　予約のキャンセルでしたら、こちらにて承っております。

お客　キャンセル料はいくらですか。

フロント　宿泊の前日までは無料でございます。

손님　저기, 예약 취소는 어디에서 할 수 있을까요?

프런트　예약 취소라면, 여기에서 담당하고 있습니다.

손님	취소 비용은 얼마입니까?
프런트	숙박 전날까지는 무료입니다.

3

お客 あのう、送迎の予約はどこでできますか。

フロント 送迎の予約でしたら、こちらにて承っております。

お客 １日何回の運行ですか。

フロント １日５回の運行でございます。

손님	저기, 송영 예약은 어디에서 할 수 있을까요?
프런트	송영 예약이라면, 여기에서 담당하고 있습니다.
손님	하루 몇 번 운행입니까?
프런트	하루 다섯 번 운행입니다.

4

お客 あのう、宅配サービスはどこでできますか。

フロント 宅配サービスでしたら、こちらにて承っております。

お客 受付は何時までですか。

フロント 午後６時まででございます。

손님	저기, 택배 서비스는 어디에서 할 수 있을까요?
프런트	택배 서비스라면, 여기에서 담당하고 있습니다.
손님	접수는 몇 시까지입니까?
프런트	오후 6시까지입니다.

2. 보기

손님	저기, 체크아웃해 주시겠습니까?
프런트	네, 알겠습니다. 정산이 끝나는 대로 부르겠으니, 잠시 기다려 주십시오.
손님	네, 부탁드립니다.
프런트	손님, 많이 기다리셨습니다.

1

お客 あのう、ノートパソコンを貸してもらえますか。

フロント はい、かしこまりました。ご用意でき次第、お持ちいたしますので、少々お待ち
ください。

お客 はい、お願いします。

フロント お客様、お待たせいたしました。

손님	저기, 노트북을 빌려 주시겠습니까?
프런트	네, 알겠습니다. 준비되는 대로 가져오겠으니, 잠시 기다려 주십시오.
손님	네, 부탁드립니다.
프런트	손님, 많이 기다리셨습니다.

2　お客　あのう、お部屋を変更してもらえますか。

フロント　はい、かしこまりました。客室の清掃が終わり次第、ご連絡いたしますので、少々お待ちください。

お客　はい、お願いします。

フロント　お客様、お待たせいたしました。

손님　저기, 방을 변경해 주시겠습니까?

프런트　네, 알겠습니다. 객실 청소가 끝나는 대로 연락드리겠으니, 잠시 기다려 주십시오.

손님　네, 부탁드립니다.

프런트　손님, 많이 기다리셨습니다.

3　お客　あのう、リムジンバスを予約してもらえますか。

フロント　はい、かしこまりました。リムジンバスの時刻が確認でき次第、ご予約いたしますので、少々お待ちください。

お客　はい、お願いします。

フロント　お客様、お待たせいたしました。

손님　저기, 리무진 버스를 예약해 주시겠습니까?

프런트　네, 알겠습니다. 리무진 버스 시각이 확인되는 대로 예약하겠으니, 잠시 기다려 주십시오.

손님　네, 부탁드립니다.

프런트　손님, 많이 기다리셨습니다.

4　お客　あのう、お財布が見つかりもらえますか。

フロント　はい、かしこまりました。お財布が見つかり、お呼びいたしますので、少々お待ちください。

お客　はい、お願いします。

フロント　お客様、お待たせいたしました。

손님　저기, 택시를 불러 주시겠습니까?

프런트　네, 알겠습니다. 지갑이 발견되는 대로 부르겠으니, 잠시 기다려 주십시오.

손님　네, 부탁드립니다.

프런트　손님, 많이 기다리셨습니다.

Part 3 면세 서비스

제7과 식품 코너

1. 보기
점원　괜찮으시다면, 이것도 시향해 보십시오.
손님　이 향수 쪽이 좋군요. 그럼, 이것으로 할게요.
점원　감사합니다. 계산은 이쪽입니다. 이쪽으로 오십시오.

1　店員　よろしければ、こちらもつけてみてください。
お客　こちらの時計の方がいいですね。じゃ、これにします。
店員　ありがとうございます。お会計はこちらでございます。こちらへどうぞ。

점원　괜찮으시다면, 이것도 차 보십시오.
손님　이 시계 쪽이 좋군요. 그럼, 이것으로 할게요.
점원　감사합니다. 계산은 이쪽입니다. 이쪽으로 오십시오.

2　店員　よろしければ、こちらも使ってみてください。
お客　こちらのペンの方がいいですね。じゃ、これにします。
店員　ありがとうございます。お会計はこちらでございます。こちらへどうぞ。

점원　괜찮으시다면, 이것도 사용해 보십시오.
손님　이 펜 쪽이 좋군요. 그럼, 이것으로 할게요.
점원　감사합니다. 계산은 이쪽입니다. 이쪽으로 오십시오.

3　店員　よろしければ、こちらも試着してみてください。
お客　こちらのジャケットの方がいいですね。じゃ、これにします。
店員　ありがとうございます。お会計はこちらでございます。こちらへどうぞ。

점원　괜찮으시다면, 이것도 입어 보십시오.
손님　이 재킷 쪽이 좋군요. 그럼, 이것으로 할게요.
점원　감사합니다. 계산은 이쪽입니다. 이쪽으로 오십시오.

4　店員　よろしければ、こちらも掛けてみてください。
お客　こちらのサングラスの方がいいですね。じゃ、これにします。
店員　ありがとうございます。お会計はこちらでございます。こちらへどうぞ。

점원　괜찮으시다면, 이것도 써 보십시오.
손님　이 선글라스 쪽이 좋군요. 그럼, 이것으로 할게요.
점원　감사합니다. 계산은 이쪽입니다. 이쪽으로 오십시오.

2. [보기] 　점원　죄송합니다만, 선물 예산을 여쭤 봐도 괜찮겠습니까?
　　　　　손님　2만 엔 정도입니다.
　　　　　점원　알겠습니다. 그럼, 이것은 어떻겠습니까?

1　店員　恐れ入りますが、相手方のお年を伺ってもよろしいでしょうか。
　　　お客　３０代です。
　　　店員　かしこまりました。では、こちらはいかがでしょうか。

　　　점원　죄송합니다만, 받으실 분의 나이를 여쭤 봐도 괜찮겠습니까?
　　　손님　30대입니다.
　　　점원　알겠습니다. 그럼, 이것은 어떻겠습니까?

2　店員　恐れ入りますが、相手方の性別を伺ってもよろしいでしょうか。
　　　お客　女性です。
　　　店員　かしこまりました。では、こちらはいかがでしょうか。

　　　점원　죄송합니다만, 받으실 분의 성별을 여쭤 봐도 괜찮겠습니까?
　　　손님　여성입니다.
　　　점원　알겠습니다. 그럼, 이것은 어떻겠습니까?

3　店員　恐れ入りますが、相手方の肌の明るさを伺ってもよろしいでしょうか。
　　　お客　白い方です。
　　　店員　かしこまりました。では、こちらはいかがでしょうか。

　　　점원　죄송합니다만, 받으실 분의 피부 톤을 여쭤 봐도 괜찮겠습니까?
　　　손님　하얀 편입니다.
　　　점원　알겠습니다. 그럼, 이것은 어떻겠습니까?

4　店員　恐れ入りますが、相手方の体格を伺ってもよろしいでしょうか。
　　　お客　小柄です。
　　　店員　かしこまりました。では、こちらはいかがでしょうか。

　　　점원　죄송합니다만, 받으실 분의 체격을 여쭤 봐도 괜찮겠습니까?
　　　손님　체격이 작습니다.
　　　점원　알겠습니다. 그럼, 이것은 어떻겠습니까?

제8과 가방 코너

1. [보기] 손님 저, 실례합니다. 화장품 매장은 어디입니까?

점원 화장품 매장은 11층입니다. 맨 끝에서 왼쪽으로 가시면, 엘리베이터가 있습니다. 괜찮으시다면, 그쪽 엘리베이터를 이용해 주십시오.

1 お客 あのう、すみません。休憩室はどこですか。

店員 休憩室は12階でございます。右の方にまっすぐ行かれますと、エレベーターがございます。よろしければ、そちらのエレベーターをご利用ください。

손님 저, 실례합니다. 휴게실은 어디입니까?

점원 휴게실은 12층입니다. 오른쪽으로 곧장 가시면, 엘리베이터가 있습니다. 괜찮으시다면, 그쪽 엘리베이터를 이용해 주십시오.

2 お客 あのう、すみません。海苔売り場はどこですか。

店員 海苔売り場は9階でございます。ここをまっすぐ行かれますと、エレベーターがございます。よろしければ、そちらのエレベーターをご利用ください。

손님 저, 실례합니다. 김 매장은 어디입니까?

점원 김 매장은 9층입니다. 이쪽으로 곧장 가시면, 엘리베이터가 있습니다. 괜찮으시다면, 그쪽 엘리베이터를 이용해 주십시오.

3 お客 あのう、すみません。キムチ売り場はどこですか。

店員 キムチ売り場は10階でございます。突き当りを右の方に行かれますと、エレベーターがございます。よろしければ、そちらのエレベーターをご利用ください。

손님 저, 실례합니다. 김치 매장은 어디입니까?

점원 김치 매장은10층입니다. 맨 끝에서 오른쪽으로 가시면, 엘리베이터가 있습니다. 괜찮으시다면, 그쪽 엘리베이터를 이용해 주십시오.

4 お客 あのう、すみません。バッグ売り場はどこですか。

店員 バッグ売り場は13階でございます。ここから左の方にまっすぐ行かれますと、エレベーターがございます。よろしければ、そちらのエレベーターをご利用ください。

손님 저, 실례합니다. 가방 매장은 어디입니까?

점원 가방 매장은 13층입니다. 여기에서 왼쪽으로 곧장 가시면, 엘리베이터가 있습니다. 괜찮으시다면, 그쪽 엘리베이터를 이용해 주십시오.

2. [보기] 손님 여기에서 환전할 수 있다고 들었는데요.

점원 죄송합니다만, 여기에서는 취급하고 있지 않으니, 양해해 주십시오.

1 お客 商品券を使えるって聞いたんですが。

店員 恐れ入りますが、この商品券は当店では扱っておりませんので、ご了承ください。

손님　상품권을 사용할 수 있다고 들었는데요.

점원　죄송합니다만, 이 상품권은 저희 가게에서 취급하지 않고 있으니, 양해해 주십시오.

2　お客　このコーナーで買えるって聞いたんですが。

　　店員　恐れ入りますが、あいにく品切れでございますので、ご了承ください。

　　손님　이 코너에서 살 수 있다고 들었는데요.

　　점원　죄송합니다만, 공교롭게도 품절이니, 양해해 주십시오.

3　お客　外国人は免税って聞いたんですが。

　　店員　恐れ入りますが、うちの店では免税となりませんので、ご了承ください。

　　손님　외국인은 면세라고 들었는데요.

　　점원　죄송합니다만, 저희 가게에서는 면세가 되지 않으니, 양해해 주십시오.

4　お客　セール中って聞いたんですが。

　　店員　恐れ入りますが、こちらの商品はセール対象外となっておりますので、ご了承ください。

　　손님　세일 중이라고 들었는데요.

　　점원　죄송합니다만, 이 상품은 세일 제외 상품으로 되어 있으니, 양해해 주십시오.

제9과 화장품 코너

1. 보기

　　손님　고려인삼차는 어떤 것이 좋나요?

　　점원　본인이 드실 건가요? 선물용인가요?

　　손님　제가 마실 겁니다.

　　점원　그럼, 이 브랜드는 어떨까요? 가격도 적당해서 인기가 있습니다.

1　お客　ワインはどんなものがいいですか。

　　店員　ご自分で飲まれるものでしょうか。プレゼント用でしょうか。

　　お客　自分で飲むものです。

　　店員　じゃ、こちらのブランドはいかがでしょうか。お値段も手頃で人気があります。

　　손님　와인은 어떤 것이 좋나요?

　　점원　본인이 드실 건가요? 선물용인가요?

　　손님　제가 마실 겁니다.

　　점원　그럼, 이 브랜드는 어떻겠습니까? 가격도 적당해서 인기가 있습니다.

2　お客　サングラスはどんなものがいいですか。

　　店員　ご自分で掛けられるものでしょうか。プレゼント用でしょうか。

お客　自分で掛けるものです。

店員　じゃ、こちらのブランドはいかがでしょうか。お値段も手頃で人気があります。

손님　선글라스는 어떤 것이 좋나요?

점원　본인이 쓰실 건가요? 선물용인가요?

손님　제가 쓸 겁니다.

점원　그럼, 이 브랜드는 어떻겠습니까? 가격도 적당해서 인기가 있습니다.

3　お客　アイクリームはどんなものがいいですか。

店員　ご自分でつけられるものでしょうか。プレゼント用でしょうか。

お客　自分でつけるものです。

店員　じゃ、こちらのブランドはいかがでしょうか。お値段も手頃で人気があります。

손님　아이크림은 어떤 것이 좋나요?

점원　본인이 바르실 건가요? 선물용인가요?

손님　제가 바를 겁니다.

점원　그럼, 이 브랜드는 어떻겠습니까? 가격도 적당해서 인기가 있습니다.

4　お客　化粧ポーチはどんなものがいいですか。

店員　ご自分で使われるものでしょうか。プレゼント用でしょうか。

お客　自分で使うものです。

店員　じゃ、こちらのブランドはいかがでしょうか。お値段も手頃で人気があります。

손님　화장품 파우치는 어떤 것이 좋나요?

점원　본인이 사용하실 건가요? 선물용인가요?

손님　제가 사용할 겁니다.

점원　그럼, 이 브랜드는 어떻겠습니까? 가격도 적당해서 인기가 있습니다.

2. 보기　손님　저기요. 이 슈트 케이스, 벨트를 끼워 주실 수 있나요?

점원　네, 알겠습니다.
　　　손님, 벨트는 별도 요금으로 되어 있는데, 괜찮겠습니까?

손님　네, 부탁드려요.

점원　오래 기다리셨습니다. 이것으로 괜찮으시겠습니까?

2. 1　お客　すみません。このネクタイ、ほかの色を見せていただけませんか。

店員　はい、かしこまりました。
　　　お客様、ただ今、在庫が赤のみとなっておりますが、よろしいでしょうか。

お客　はい、お願いします。

店員　お待たせいたしました。こちらでよろしいでしょうか。

손님 저기요. 이 넥타이, 다른 색깔을 보여 주실 수 있나요?
점원 네, 알겠습니다.
　　 손님, 현재 재고가 빨간색만 있는데, 괜찮겠습니까?
손님 네, 부탁드려요.
점원 오래 기다리셨습니다. 이것으로 괜찮으시겠습니까?

2 お客 すみません。このシャツ、サイズを交換していただけませんか。

店員 はい、かしこまりました。
　　 お客様、ただ今、Mサイズしかございませんが、よろしいでしょうか。

お客 はい、お願いします。

店員 お待たせいたしました。こちらでよろしいでしょうか。

손님 저기요. 이 셔츠, 사이즈를 교환해 주실 수 있나요?
점원 네, 알겠습니다.
　　 손님, 현재 M사이즈밖에 없는데, 괜찮겠습니까?
손님 네, 부탁드려요.
점원 오래 기다리셨습니다. 이것으로 괜찮으시겠습니까?

3 お客 すみません。この化粧品、袋に入れていただけませんか。

店員 はい、かしこまりました。
　　 お客様、ただ今、大きい袋しかございませんが、よろしいでしょうか。

お客 はい、お願いします。

店員 お待たせいたしました。こちらでよろしいでしょうか。

손님 저기요. 이 화장품, 봉투에 넣어 주실 수 있나요?
점원 네, 알겠습니다.
　　 손님, 현재 큰 봉투밖에 없는데, 괜찮겠습니까?
손님 네, 부탁드려요.
점원 오래 기다리셨습니다. 이것으로 괜찮으시겠습니까?

4 お客 すみません。このサングラス、フィッティングしていただけませんか。

店員 はい、かしこまりました。
　　 お客様、20分ぐらいかかりますが、よろしいでしょうか。

お客 はい、お願いします。

店員 お待たせいたしました。こちらでよろしいでしょうか。

손님 저기요. 이 선글라스, 피팅해 주실 수 있나요?
점원 네, 알겠습니다.
　　 손님, 20분 정도 걸리는데, 괜찮겠습니까?
손님 네, 부탁드려요.
점원 오래 기다리셨습니다. 이것으로 괜찮으시겠습니까?

Part 4 관광 서비스

제10과 경복궁

1. [보기]

손님   가이드님, 오늘 코스는 어떻게 되어 있나요?
가이드   오늘은 경주입니다. 경주라면 불국사가 유명합니다.
손님   아, 불국사 말입니까? 그거 기대되는군요.
가이드   그럼, 불국사로 안내하겠습니다.

1

お客   ガイドさん、今日のコースはどうなっていますか。
ガイド   今日は全州です。全州といえば、韓屋マウルが有名です。
お客   へえ、韓屋マウルですか。それは楽しみですね。
ガイド   では、韓屋マウルへご案内いたします。

손님   가이드님, 오늘 코스는 어떻게 되어 있나요?
가이드   오늘은 전주입니다. 전주라면 한옥마을이 유명합니다.
손님   아, 한옥마을 말입니까? 그거 기대되는군요.
가이드   그럼 한옥마을로 안내하겠습니다.

2

お客   ガイドさん、今日のコースはどうなっていますか。
ガイド   今日は水原です。水原といえば、水原華城が有名です。
お客   へえ、水原華城ですか。それは楽しみですね。
ガイド   では、水原華城へご案内いたします。

손님   가이드님, 오늘 코스는 어떻게 되어 있나요?
가이드   오늘은 수원입니다. 수원이라면 수원화성이 유명합니다.
손님   아, 수원화성 말입니까? 그거 기대되는군요.
가이드   그럼 수원화성으로 안내하겠습니다.

3

お客   ガイドさん、今日のコースはどうなっていますか。
ガイド   今日は済州島です。済州島といえば、漢拏山が有名です。
お客   へえ、漢拏山ですか。それは楽しみですね。
ガイド   では、漢拏山へご案内いたします。

손님   가이드님, 오늘 코스는 어떻게 되어 있나요?
가이드   오늘은 제주도입니다. 제주도라면 한라산이 유명합니다.
손님   아, 한라산 말입니까? 그거 기대되는군요.
가이드   그럼 한라산으로 안내하겠습니다.

4　お客　ガイドさん、今日のコースはどうなっていますか。

　　ガイド　今日は釜山です。釜山といえば、海雲台が有名です。

　　お客　へえ、海雲台ですか。それは楽しみですね。

　　ガイド　では、海雲台へご案内いたします。

　　손님　가이드님, 오늘 코스는 어떻게 되어 있나요?
　　가이드　오늘은 부산입니다. 부산이라면 해운대가 유명합니다.
　　손님　아, 해운대 말입니까? 그거 기대되는군요.
　　가이드　그럼 해운대로 안내하겠습니다.

2.　보기　손님　경복궁은 누가 지었습니까?
　　가이드　경복궁은 태조 이성계에 의해 지어졌습니다.

1　お客　ハングルは誰が作りましたか。

　　ガイド　ハングルは世宗大王によって作られました。

　　손님　한글은 누가 만들었습니까?
　　가이드　한글은 세종대왕에 의해 만들어졌습니다.

2　お客　亀甲船は誰が作りましたか。

　　ガイド　亀甲船は李舜臣将軍によって作られました。

　　손님　거북선은 누가 만들었습니까?
　　가이드　거북선은 이순신 장군에 의해 만들어졌습니다.

3　お客　昌徳宮は誰が建てましたか。

　　ガイド　昌徳宮は太宗李芳遠によって建てられました。

　　손님　창덕궁은 누가 지었습니까?
　　가이드　창덕궁은 태종 이방원에 의해 지어졌습니다.

4　お客　仏国寺は誰が建てましたか。

　　ガイド　仏国寺は金大城によって建てられました。

　　손님　불국사는 누가 지었습니까?
　　가이드　불국사는 김대성에 의해 지어졌습니다.

제11과 인사동

1. 보기　가이드　한국 여행은 어떠셨습니까?
　　　　손님　네, 아주 좋았어요. 사진도 많이 찍었고, 요리도 맛있었습니다.
　　　　가이드　그것 참 다행이군요.
　　　　손님　역시 와 볼 만했습니다.

1. ①　ガイド　仁寺洞はいかがでしたか。
　　　お客　ええ、とてもよかったです。民芸品も買ったし、漢方茶もおいしかったです。
　　ガイド　それは何よりですね。
　　　お客　やっぱり回ってみるだけのことはありました。

　　　　가이드　인사동은 어떠셨습니까?
　　　　손님　네, 아주 좋았어요. 민예품도 샀고, 한방차도 맛있었습니다.
　　　　가이드　그것 참 다행이군요.
　　　　손님　역시 둘러 볼 만했습니다.

② 　ガイド　今日の日程はいかがでしたか。
　　　お客　ええ、とてもよかったです。北村コースもよかったし、韓屋もすばらしかったです。
　　ガイド　それは何よりですね。
　　　お客　やっぱり行ってみるだけのことはありました。

　　　　가이드　오늘 일정은 어떠셨습니까?
　　　　손님　네, 아주 좋았어요. 북촌 코스도 좋았고, 한옥도 멋졌습니다.
　　　　가이드　그것 참 다행이군요.
　　　　손님　역시 가 볼 만했습니다.

③ 　ガイド　チムジルバンはいかがでしたか。
　　　お客　ええ、とてもよかったです。シッケもおいしかったし、蒸し風呂もよかったです。
　　ガイド　それは何よりですね。
　　　お客　やっぱり体験してみるだけのことはありました。

　　　　가이드　찜질방은 어떠셨습니까?
　　　　손님　네, 아주 좋았어요. 식혜도 맛있었고, 한증막도 좋았습니다.
　　　　가이드　그것 참 다행이군요.
　　　　손님　역시 체험해 볼 만했습니다.

④ 　ガイド　ホテルはいかがでしたか。
　　　お客　ええ、とてもよかったです。お部屋からの眺めもよかったし、朝食もおいしかったです。

ガイド　それは何^{なに}よりですね。

お客　やっぱり泊^とまってみるだけのことはありました。

가이드　호텔은 어떠셨습니까?

손님　네, 아주 좋았어요. 방에서 보이는 경치도 좋았고, 조식도 맛있었습니다.

가이드　그것 참 다행이군요.

손님　역시 숙박해 볼 만했습니다.

2. 보기　ガイド　전통적인 술을 마셔 보시면 어떻겠습니까?

손님　그러네요. 저도 마셔 보려고 했었는데요, 추천하시는 술이 있습니까?

가이드　동동주는 어떻겠습니까?

손님　아, 좋네요. 감사합니다.

1　ガイド　チマチョゴリを着^きられてみたらいかがでしょうか。

お客　そうですね。私^{わたし}も着^きてみようと思^{おも}っていたんですが、お勧^{すす}めのレンタルショップがありますか。

ガイド　景福宮^{キョンボックン}の前^{まえ}のお店^{みせ}はいかがでしょうか。

お客　あ、いいですね。ありがとうございます。

가이드　치마저고리를 입어 보시면 어떻겠습니까?

손님　그러네요. 저도 입어 보려고 했었는데요, 추천하시는 렌털숍이 있습니까?

가이드　경복궁 앞의 가게는 어떻겠습니까?

손님　아, 좋네요. 감사합니다.

2　ガイド　慶州^{キョンジュ}へ行^いかれてみたらいかがでしょうか。

お客^{きゃく}　そうですね。私^{わたし}も行^いってみようと思^{おも}っていたんですが、お勧^{すす}めの交通便^{こうつうびん}がありますか。

ガイド　KTXはいかがでしょうか。

お客^{きゃく}　あ、いいですね。ありがとうございます。

가이드　경주에 가 보시면 어떻겠습니까?

손님　그러네요. 저도 가 보려고 했었는데요, 추천하시는 교통편이 있습니까?

가이드　KTX는 어떻겠습니까?

손님　아, 좋네요. 감사합니다.

3　ガイド　韓定食^{かんていしょく}を召^めし上^あがってみたらいかがでしょうか。

お客^{きゃく}　そうですね。私^{わたし}も食^たべてみようと思^{おも}っていたんですが、お勧^{すす}めのお店^{みせ}がありますか。

ガイド　仁寺洞^{インサドン}のお店^{みせ}はいかがでしょうか。

お客^{きゃく}　あ、いいですね。ありがとうございます。

가이드	한정식을 드셔 보시면 어떻겠습니까?
손님	그러네요. 저도 먹어 보려고 했었는데요, 추천하시는 가게가 있습니까?
가이드	인사동의 가게는 어떻겠습니까?
손님	아, 좋네요. 감사합니다.

4

ガイド	あかすりを<ruby>体験<rt>たいけん</rt></ruby>されてみたらいかがでしょうか。
お<ruby>客<rt>きゃく</rt></ruby>	そうですね。<ruby>私<rt>わたし</rt></ruby>も<ruby>体験<rt>たいけん</rt></ruby>してみようと<ruby>思<rt>おも</rt></ruby>っていたんですが、お<ruby>勧<rt>すす</rt></ruby>めのサウナがありますか。
ガイド	ホテルの<ruby>近<rt>ちか</rt></ruby>くのサウナはいかがでしょうか。
お<ruby>客<rt>きゃく</rt></ruby>	あ、いいですね。ありがとうございます。

가이드	때밀이를 체험해 보시면 어떻겠습니까?
손님	그러네요. 저도 체험해 보려고 했었는데요, 추천하시는 사우나가 있습니까?
가이드	호텔 근처의 사우나는 어떻겠습니까?
손님	아, 좋네요. 감사합니다.

제12과 한국민속촌

1. 보기

가이드	지금부터 한식문화관으로 안내해 드리겠습니다.
손님	한식문화관이란 어떤 곳인가요?
가이드	치마저고리는 물론 김치 만들기도 체험할 수 있는 곳입니다.

1

ガイド	<ruby>今<rt>いま</rt></ruby>からロッテワールドへご<ruby>案内<rt>あんない</rt></ruby>いたします。
お<ruby>客<rt>きゃく</rt></ruby>	ロッテワールドってどんなところですか。
ガイド	テーマパークはもちろん<ruby>水族館<rt>すいぞくかん</rt></ruby>もあるところです。

가이드	지금부터 롯데월드로 안내해 드리겠습니다.
손님	롯데월드란 어떤 곳인가요?
가이드	테마파크는 물론 수족관도 있는 곳입니다.

2

ガイド	<ruby>今<rt>いま</rt></ruby>からエステショップへご<ruby>案内<rt>あんない</rt></ruby>いたします。
お<ruby>客<rt>きゃく</rt></ruby>	エステショップってどんなところですか。
ガイド	お<ruby>顔<rt>かお</rt></ruby>はもちろん<ruby>全身<rt>ぜんしん</rt></ruby>ケアも<ruby>体験<rt>たいけん</rt></ruby>できるところです。

가이드	지금부터 에스테틱숍으로 안내해 드리겠습니다.
손님	에스테틱숍이란 어떤 곳인가요?
가이드	얼굴은 물론 전신 관리도 체험할 수 있는 곳입니다.

3

| ガイド | <ruby>今<rt>いま</rt></ruby>からNソウルタワーへご<ruby>案内<rt>あんない</rt></ruby>いたします。 |
| お<ruby>客<rt>きゃく</rt></ruby> | Nソウルタワーってどんなところですか。 |

ガイド　ソウルの夜景(やけい)はもちろん漢江(ハンガン)も一望(いちぼう)できるところです。

가이드　지금부터 N서울타워로 안내해 드리겠습니다.

손님　N서울타워란 어떤 곳인가요?

가이드　서울의 야경은 물론 한강도 한눈에 바라볼 수 있는 곳입니다.

4

ガイド　今(いま)から南大門市場(ナムデムンいちば)へご案内(あんない)いたします。

お客(きゃく)　南大門市場(ナムデムンいちば)ってどんなところですか。

ガイド　買(か)い物(もの)はもちろんお食事(しょくじ)もできるところです。

가이드　지금부터 남대문시장으로 안내해 드리겠습니다.

손님　남대문시장이란 어떤 곳인가요?

가이드　쇼핑은 물론 식사도 할 수 있는 곳입니다.

2. 보기

손님　선물을 사고 싶은데요.

가이드　선물이라면 유자차를 추천합니다.

손님　유자차 말입니까? 감사합니다.

1

お客(きゃく)　化粧品(けしょうひん)を買(か)いたいんですが。

ガイド　化粧品(けしょうひん)を買(か)うなら明洞(ミョンドン)がお勧(すす)めです。

お客(きゃく)　明洞(ミョンドン)ですか。ありがとうございます。

손님　화장품을 사고 싶은데요.

가이드　화장품을 산다면 명동을 추천합니다.

손님　명동 말입니까? 감사합니다.

2

お客(きゃく)　韓国(かんこく)のお酒(さけ)が飲(の)みたいんですが。

ガイド　韓国(かんこく)のお酒(さけ)ならマッコリがお勧(すす)めです。

お客(きゃく)　マッコリですか。ありがとうございます。

손님　한국 술을 마시고 싶은데요.

가이드　한국 술이라면 막걸리를 추천합니다.

손님　막걸리 말입니까? 감사합니다.

3

お客(きゃく)　公演(こうえん)を見(み)たいんですが。

ガイド　公演(こうえん)ならコリアハウスがお勧(すす)めです。

お客(きゃく)　コリアハウスですか。ありがとうございます。

손님　공연을 보고 싶은데요.

가이드　공연이라면 코리아하우스를 추천합니다.

손님　코리아하우스 말입니까? 감사합니다.

4

お客 お肉が食べたいんですが。

ガイド お肉ならプルゴギがお勧めです。

お客 プルゴギですか。ありがとうございます。

손님 고기를 먹고 싶은데요.

가이드 고기라면 불고기를 추천합니다.

손님 불고기 말입니까? 감사합니다.

memo

외국어 출판 40년의 신뢰
외국어 전문 출판 그룹
동양북스가 만드는 책은 다릅니다.

40년의 쉼 없는 노력과 도전으로 책 만들기에 최선을 다해온 동양북스는
오늘도 미래의 가치에 투자하고 있습니다.
대한민국의 내일을 생각하는 도전 정신과 믿음으로 최선을 다하겠습니다.

📖 동양북스

📖 동양북스 추천 교재

회화 코스북

일본어뱅크 다이스키
STEP 1·2·3·4·5·6·7·8

일본어뱅크
좋아요 일본어 1·2·3·4·5·6

일본어뱅크 도모다찌
STEP 1·2·3

분야서

일본어뱅크
좋아요 일본어 독해 STEP 1·2

일본어뱅크
일본어 작문 초급

일본어뱅크
사진과 함께하는
일본 문화

일본어뱅크
항공 서비스 일본어

가장 쉬운 독학
일본어 현지회화

수험서

일취월장 JPT
독해·청해

일취월장 JPT
실전 모의고사 500·700

일단 합격하고 오겠습니다
JLPT 일본어능력시험
N1·N2·N3·N4·N5

일단 합격하고 오겠습니다
JLPT 일본어능력시험
실전모의고사 N1·N2·N3·N4/5

단어·한자

특허받은
일본어 한자 암기박사

일본어 상용한자 2136
이거 하나면 끝!

일본어뱅크
좋아요 일본어 한자

가장 쉬운 독학
일본어 단어장

일단 합격하고 오겠습니다
JLPT 일본어능력시험
단어장 N1·N2·N3

중국어뱅크 북경대학 신한어구어
1·2·3·4·5·6

중국어뱅크 스마트중국어
STEP 1·2·3·4

중국어뱅크 집중중국어
STEP 1·2·3·4

중국어뱅크
뉴! 버전업 사진으로
보고 배우는 중국문화

중국어뱅크
문화중국어 1·2

중국어뱅크
관광 중국어 1·2

중국어뱅크
여행실무 중국어

중국어뱅크
호텔 중국어

중국어뱅크
판매 중국어

중국어뱅크
항공 실무 중국어

정반합 新HSK
1급·2급·3급·4급·5급·6급

일단 합격 新HSK 한 권이면 끝
3급·4급·5급·6급

버전업! 新HSK
VOCA 5급·6급

가장 쉬운 독학
중국어 단어장

중국어뱅크
중국어 간체자 1000

특허받은
중국어 한자 암기박사